Beppe Severgnini

ITALIANI
SI DIVENTA

Biblioteca Universale Rizzoli

ISBN 88-17-86575-3

prima edizione Superbur Saggi: ottobre 2000
seconda edizione Superbur Saggi: dicembre 2000

€ 7-15

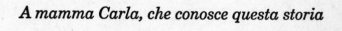

A mamma Carla, che conosce questa storia

ST. PAUL'S SCHOOL LIBRARY

"E leggendo voi che fate?
Ve lo dico subito: respingete tutto ciò
che non vi aggrada.
Lo stesso ha già fatto l'autore."

Robert Musil, *L'uomo senza qualità*

Piccolo

Una questione di pettinatura
1956

Sono nato un mercoledì di fine dicembre, nella camera d'angolo di una clinica di Crema. Mamma e papà erano arrivati un'ora prima, a bordo di una Topolino blu. Erano le due di notte, faceva freddo, avevo molti peli sulle braccia e Giovanni Gronchi era presidente della repubblica.

Secondo l'agenda su cui la mamma segnava le spese di casa – a maggior ragione, la nascita del primogenito – la ricetta del giorno era «ragoût di cappone». La circostanza, quando l'ho scoperta, mi ha turbato. Non tanto per il cappone, che è un animale dignitoso; e neppure perché quel sugo, il 26 dicembre, era un modo per utilizzare gli avanzi di Natale. Quello che mi colpisce, quando apro il *Libro di casa Domus*, omaggio della Cassa di Risparmio delle Provincie Lombarde, è il modo in cui è scritto «ragù»: *ragoût*, con l'accento circonflesso. Nessuno che sia venuto al mondo quando ragù si scriveva *ragoût* può sostenere di essere giovane. Se poi è andato verso la vita in Topolino, non parliamone.

In compenso, finché se la ricorda, può raccontare una storia come questa.

Degli anni Cinquanta, che ho frequentato per tre anni e sei giorni, so abbastanza poco. Non ho mai fatto molte domande ai genitori, che in questi casi tendono ad abbellire la realtà (questo sarebbe niente), e soprattutto ad abbellire i figli (e questo è più grave). Ho sempre preferito le fotografie e i libri di storia, da cui risultano alcune verità indiscutibili: 1) I bambini degli anni Cinquanta devono ringraziare il cielo: hanno potuto crescere senza scoprire che in famiglia qualcuno stava per andare in guerra 2) I bambini degli anni Cinquanta venivano pettinati in maniera agghiacciante 3) I bambini degli anni Cinquanta non sapevano di essere pettinati in maniera agghiacciante. Nelle fotografie, infatti, sorridono 4) I bambini degli anni Cinquanta sono stati gli ultimi a maneggiare giocattoli che arrugginivano e tagliavano, ma producevano suoni interessanti. Di un'automobile a pedali di latta, ricevuta per il secondo compleanno, ricordo il rumore eccitante che emetteva quando veniva percossa con un birillo di legno. Nessuna automobile di plastica produce lo stesso effetto.

Questi regali e quelle pettinature sono comuni a molti italiani nati tra la Seicento (1955) e la Cinquecento (1957); se vogliamo essere precisi, nell'anno della Seicento Multipla (1956). Molti di noi hanno guidato automobiline di latta portando i capelli come Elvis Presley. La cosa non ci ha danneggiato, anche perché abbiamo fatto sparire le fotografie. Quello di cui non potevamo renderci conto – o uno fa il neonato, o fa lo storico – era quanto fosse ottimista l'Italia del tempo. La guerra era finita da undici anni, Stalin era morto da tre e nascevano, a cinquanta giorni di distanza, Carosello e le Comunità europee. L'ansia, quando siamo venuti al mondo, era un atto di buona volontà.

A me il destino – che qui approfitto per ringraziare – aveva assegnato un papà quarantenne, Angelo, che faceva il notaio, e una mamma ventisettenne, Carla, che si occupava del figlio a tempo pieno, assistita da una ragazza di nome Renata, così affettuosa che insisteva nel trovarmi bello. Era una situazione privilegiata, e dovrebbe scoraggiare chiunque dallo scriverne; eppure sono convinto che le infanzie felici non possano essere discriminate per mancanza di pathos. Quello, nella vita di un bambino, non manca mai. Anch'io venivo fotografato nudo, sospeso sopra un bagnetto bollente, ed escludo che la cosa mi divertisse.

Che fossimo ben accuditi, tuttavia, è certo. In termini di tempo, di premure e attraverso una serie di riti esoterici, ma affettuosi. Molte famiglie, per esempio, compilavano una sorta di rapporto ufficiale, sul quale veniva annotato lo sviluppo psicofisico dei figli. Il nostro si chiamava *Di dove sei venuto?* – una domanda che avrebbe angustiato un filosofo, ma non poneva problemi a una mamma del '56. Il diario – azzurro per i maschi, rosa per le femmine: la distinzione era inderogabile – sottoponeva i genitori a un vero e proprio interrogatorio: «Mamma, quanto ero alto? E poi mi allungai? Quando compii il primo anno? Cosa mi regalasti, papà? Mammina, ridevo?». Dopo aver inserito le risposte, i genitori dovevano fornire alcuni dati, scrivendo sulla linea punteggiata («Pesavi come una piuma, Kg... Piano piano però crescesti e ...Controllo-del-peso!»). Infine, erano tenuti a incollare le nostre fotografie negli spazi appositi, per dimostrare di non aver barato.

Il metodo veniva giudicato indispensabile per seguire l'evoluzione della prole. Mamma Carla, in questo, era scrupolosa. Non posso escludere che abbia esagerato, quando si trattava di descrivere i miei successi. Ma, sono certo, non ha falsificato i dati. Grazie alle sue annotazioni con l'inchiostro nero, posso affermare che alla nascita pesavo tre chili e 800 grammi; a due mesi ero alto 60 centimetri, a quattro mesi 66 centimetri, a otto mesi 74 centimetri, a un anno 84 centimetri. So di aver sorriso a 22 giorni, di aver messo il primo dente a cinque mesi e di aver mosso il primo passo a 14 mesi. Quel giorno la mamma ha smesso di aggiornare *Di dove sei venuto?*, forse perché doveva chiedersi dov'ero andato.

* * *

La nostra casa stava nel centro di Crema, a un tiro di schioppo da piazza del Duomo – il campanile sbucava oltre un terrazzo con l'uva – e sorgeva su quello che era stato, un tempo, l'orto del vescovo. La nostra casa era grande, e aveva solo tre anni più di me. Per girarla tutta, ho impiegato la prima parte della mia infanzia. La difficoltà non era tanto trovare la strada, quanto imparare i nomi domestici.

Ogni famiglia – ho scoperto poi – ha la sua toponomastica, ma poche forniscono ai figli una mappa. L'atrio era al primo piano; l'androne, all'ingresso. Lo spazio alla base della scala non aveva nome: sembrava un atrio, era attiguo all'androne, e andava indicato con una perifrasi.

La porta di servizio era quella che, dalla scala di servizio, dava sul portico; le altre porte della scala erano anonime: si potevano usare, servivano, ma non si dovevano chiamare. L'ufficio era quello di papà (pianterreno, entrando a destra). L'«offis» – scritto *office*, immagino, però io non sapevo scrivere – era lo spazio di fronte alla cucina, dominato da un armadio. Se avessi trovato papà seduto nell'*office*, sarei rimasto turbato.

La casa, come molte costruzioni degli anni Cinquanta, era in pratica un enorme svincolo. Alcuni luoghi erano, obiettivamente, più interessanti di altri. Il tinello, per esempio, aveva un nome festoso. I corridoi col linoleum erano perfetti per le partite di calcio contro mia sorella Paola (la calza arrotolata – il pallone – scivolava benissimo). Il salotto era deserto di giorno e si popolava di sera; il salone, viceversa. Nel primo stavano le veneziane, che sembravano tapparelle; nel secondo le mantovane, che erano tende. I bagni, rivestiti di minuscole piastrelle scure, erano conosciuti come bagno piccolo e bagno grande: ogni altra definizione avrebbe provocato incomprensioni. La soffitta copriva tutta la casa, ed era attraversata da lunghe vene di cemento che nascondevano i cavi elettrici. Non aveva ulteriori suddivisioni. L'espressione «cercalo in soffitta» segnava perciò l'inizio di una esplorazione inutile. Sapendolo, andavo direttamente al tubo della cappa proveniente dalla cucina e lo usavo come interfono, ululandoci dentro i risultati negativi della ricerca.

A pianterreno stava il portico, delimitato da colonne e ingentilito dal glicine. Il fondo era di ardesia: una macchia d'olio indicava il punto dove stazionava la Lancia Appia grigia, acquistata nel 1957 in sostituzione della Topolino blu. Una discesa conduceva alla cantina, dopo una curva che non permetteva di vedere chi saliva, e consentiva incidenti entusiasmanti. Il giardino aveva quattro pini, tre aiuole e le siepi di bosso. Sul muro occidentale cresceva l'edera. Il muro settentrionale era, da un lato, coperto di vite americana; dall'altro era alto e liscio come una parete di montagna: c'era solo un buco, appena sopra la pianta di fichi, in cui nascondevo un sacchetto di monete da venti lire. Il muro meridionale era basso: una porta conduceva nell'orto dove, anni dopo, avrebbero trovato alloggio quattro galline, urbane e socievoli, conosciute come «le galline del notaio». L'appellativo, degno di Gogol, va attribuito ai funzionari della vicina Banca Popolare di Crema: quando le galline sono scomparse, credo che abbiano emesso estratti-conto listati a lutto.

* * *

Nei primi anni Sessanta le galline non c'erano. Crema, in quell'era pre-ecologica, aveva ambizioni cittadine, e preferiva il rumore di una caldaia a quello di un pollo. Anche da questo punto di vista, la nostra famiglia era al passo coi tempi. Nella cantina operava infatti un gigante grigio, che aveva la funzione di comandare il riscaldamento centrale, e somigliava – per peso e per ingombro – al monolito che apre *2001 Odissea nello spazio*: nessuna centrale atomica dell'epoca, probabilmente, possedeva nulla di altrettanto inquietante. Le pareti erano lisce, e non c'era traccia di manometri o quadranti. Dall'alto partivano tubi biancastri avvolti da fasciature ortopediche, che correvano lungo i soffitti bassi, scomparivano nei muri, e si inerpicavano per tutto l'edificio. Quando, pochi anni fa, è stato deciso che il monolito andava sostituito con una caldaia di dimensioni normali, si è capito che, per muoverlo, sarebbe stato necessario demolire la casa. È stato perciò isolato e sepolto sul posto. Materiale per gli archeologi del 2998: forse dovremmo lasciar loro un biglietto, per spiegare cos'è successo.

In casa avevamo anche apparecchi più piccoli. Non molto più piccoli: all'epoca, chi possedeva un macchinario voleva che si vedesse. Cosa non difficile: quarant'anni fa, per non vedere un elettrodomestico, era necessario bendarsi gli occhi; ma in questo caso ci si sbatteva contro. Ricordo frullatori che impedivano la conversazione; lavatrici possenti come sfingi; lucidatrici semoventi; una radio panciuta a forma di Buddha; e armadi cui non mi avvicinavo volentieri perché temevo di essere travolto dalla caduta di un aspirapolvere. La cucina era ricoperta di fòrmica, un nome che mi ha sempre divertito: ospitava un lavello di alluminio, un fornello a quattro fuochi, un forno e un frigorifero Fiat (la prima volta che ho visto un'automobile con lo stesso nome, ho pensato a un errore).

C'era infine il televisore, che ai tempi cercava di mimetizzarsi nell'arredamento (oggi è l'arredamento che deve fare i conti coi televisori). Per far questo, ricorreva a una serie di trucchi. Il primo era adottare un color legno che non ingannava nessuno: gli altri mobili, infatti, non avevano la spina. Il secondo era camuffare il trasformatore (il nostro aveva l'aspetto di un libro). Il terzo modo in cui il televisore cercava di

17

inserirsi nella nostra vita, era assumere linee morbide. Come le soubrette dell'epoca, mostrava una serie di curve, interrotte da tre minuscole manopole. I canali erano due. Il secondo, introdotto da poco, aveva qualcosa di esotico.

Il televisore spento non costituiva fonte di meraviglia, e potevo guardarlo quanto mi pareva. Il televisore acceso era invece accessibile solo in determinati orari, e sotto sorveglianza. Belfagor il fantasma del Louvre, per esempio, si poteva vedere solo in compagnia degli adulti (che, secondo me, avevano più paura di noi). Adriano Celentano, invece, lo potevo guardare anche da solo.

Mi piaceva, quel tipo col nome in rima, perché somigliava alle scimmie che popolavano il *Libro della Giungla*. Dal giorno in cui ho assistito all'esecuzione di *24.000 baci*, nessuno ha dovuto convincermi della bontà della teoria evolutiva: quel giovanotto che cantava ingobbito, con le spalle al pubblico, costituiva una prova sufficiente. Quando in casa parlavano del «molleggiato», non si riferivano a un materasso: esisteva anche il ragazzo-scimmia, e aveva la mia approvazione. Domandavo: «C'è Lentano?», e Lentano c'era sempre. Quando non c'era lui, c'erano altri animali amici suoi.

La televisione, in quegli anni, era uno zoo in bianco e nero: spariva il monoscopio, e arrivavano le bestie. C'erano il pulcino Calimero, topo Gigio, la mucca Carolina e Braccobaldo (nome) Bau (cognome). Lo *Zecchino d'oro* era un andirivieni di passerotti dal petto rosso, moscerini che danzavano il valzer e gatti inquadrati militarmente (anche quarantaquattro per volta). C'era il pastore tedesco Rin Tin Tin, amico dell'orfano

Rusty, una sorta di soldato blu tascabile. C'era Lassie, una collie che nei deserti dell'Ovest americano mi sembrava fuori posto come un coyote nel nostro salotto, ma mi ha introdotto ai misteri della lingua inglese (se il nome si fosse scritto come si pronunciava – *Lessi* – lo avremmo confuso con il bollito). Mi incuriosivano – sempre per motivi naturalistici – Mina e Milva, che chiamavano la tigre e la pantera; e mi piaceva Don Lurio, che sembrava il grillo di Pinocchio. *L'amico del giaguaro* è stato invece una delusione. Il nome prometteva bene; di felini, però, nemmeno l'ombra. C'erano soltanto uomini in abito da sera che ridevano delle loro battute. Se avessi immaginato che quello era il prototipo della televisione del futuro, avrei cambiato pianeta.

* * *

I due asili cremaschi si fronteggiavano attraverso via Bottesini, dove una volta correva una roggia. Sul lato sud stavano le Ancelle della Carità; sul lato nord, il Montessori. L'asilo delle suore era più imponente, e l'edificio appariva ben mantenuto. L'asilo comunale era alloggiato in una bassa costruzione d'epoca fascista, sfuggita miracolosamente alle mire di successivi assessori all'urbanistica. Le Ancelle della Carità, con la porta a vetri e l'atrio in marmo, emanavano un'aria di severa efficienza. Il Montessori, con un albero di banane all'ingresso, trasmetteva un'idea di praticità e buonumore. Sospetto che esistesse una certa rivalità tra l'asilo laico e l'asilo religioso, ma noi non ne eravamo a conoscenza. Quattro anni erano pochi per capire se, sotto via Bottesini, corresse il Tevere cremasco. Mi avevano mandato al Montessori, e lì stavo.

A distanza di tempo, mi dichiaro soddisfatto del luogo dove ho passato tre anni della mia vita, apprendendo le regole-base della convivenza (chiedi permesso, saluta, ringrazia, aiuta i più piccoli e lascia in pace i più grandi). All'asilo risalgono i miei primi ricordi sociali, suffragati dalle fotografie, che a quei tempi erano tutte in posa. Non avevano l'ufficialità malinconica delle foto scolastiche degli anni Quaranta, dove gli alunni sembrano reduci da qualche terribile trauma (e probabilmente lo erano davvero); ma neppure l'informalità delle fotografie moderne, per le quali i bambini in età prescolare posano con noncuranza, come gli interpreti di un musical.

I ritratti dei primi anni Sessanta erano una via di mezzo. Nelle foto di classe siamo tutti in grembiule bianco, e sembriamo un drappello di microscopici infermieri. I sedici maschi mostrano tagli di capelli avventurosi; tra le undici femmine conto due trecce, tre fiocchi, due mollette, due nastri e una pettinatura a carciofo stile Brigitte Bardot. Nelle fotografie individuali siamo invece soffusi di luce, e mostriamo un colorito roseo. Così roseo, da indurmi a ritenere che le fotografie venissero ritoccate, come quelle dei dittatori nordcoreani.

Il «metodo Montessori» – senza sapere che era un metodo, né chi fosse Maria Montessori – mi piaceva: dovevamo mettere a posto quello che mettevamo in disordine, ma a parte questo avevamo grande libertà di movimento e la sfruttavamo con la profonda saggezza dei bambini di quattro anni: innalzavamo costruzioni coi cubi, che poi crollavano fragorosamente; sistemavamo pezzi di legno colorato in ordine di lunghezza, e utilizzavamo i più lunghi come spade e i più corti come pugnali; incastravamo le regioni italiane in una sagoma della penisola (ho sempre avuto problemi con l'Umbria, che insistevo a conficcare nello spazio della Basilicata); assistevamo, con perfidia infantile, agli incidenti dei più piccoli, che talvolta non riuscivano a raggiungere il bagno. Attraverso le finestre guardavamo le punte degli alberi: quando diventavano verdi, sapevamo che era tempo di uscire.

L'orgoglio dell'asilo Montessori era, infatti, il giardino. Era un giardino classico, in cui non mancava nulla: la scala e la ghiaia, la vite e le siepi, il prato, le piante e un fossatello sul fondo, a ridosso del muro. Quello era un luogo rigorosamente maschile: ci trovavamo infatti lombrichi pasciuti, con cui confezionavamo anelli da offrire alle bambine, che scappavano gridando come ossessi. Ricordo la sensazione di potenza che ci dava la corsa per il prato, sventolando un verme obeso come una bandiera. Uno psicoanalista, probabilmente, avrebbe qualcosa da dire su tutto questo. Ma non c'erano psicoanalisti, per fortuna, nel giardino del Montessori. Solo una maestra paziente che si chiamava Anna, e conosceva l'efficacia didattica del lombrico.

Bambini di lungo corso
1964

Come molti nella mia generazione, sono stato un bambino di lungo corso. Ho infatti frequentato, oltre le normali scuole elementari, lezioni di inglese e di francese, scuole di musica, catechismo, corsi di minibasket e di pittura, scuole di sci di ogni ordine e grado. Non ero il solo: la borghesia italiana di quegli anni sognava di scoprire i talenti nascosti nei propri figli, e a volte doveva cercare a lungo. Molti di noi venivano sottoposti a una serie di esperimenti, che sopportavamo di buon grado anche perché ne intravedevamo il lato comico. Non sto dicendo che un bambino di sette anni si sbellicasse dalle risate davanti a un'insegnante d'inglese che non sapeva parlare inglese. Intuiva però che c'era qualcosa di bizzarro nell'aria. Anche perché veniva condotto a studiare inglese vestito da ginnastica, e a ginnastica con la chitarra (questo perché i corsi si succedevano freneticamente, e non c'era tempo di cambiarsi).

C'e chi ritiene che i genitori italiani non siano cambiati: anche oggi, continuano a stipare arti e informazioni nella testa dei figli. Sarà. Noi comunque siamo stati i primi e, come tali, abbiamo inaugurato una serie di mode e meccanismi che hanno fatto – è il caso di dirlo – scuola. Gli italiani nati dieci anni prima non hanno conosciuto lo stesso destino: i loro genitori avevano altro cui pensare (sconfiggere il comunismo, ricostruire il paese, ottenere licenze edilizie), e non hanno avuto il tempo di iscriverli qua e là. I nostri genitori potevano invece concentrarsi sull'educazione extrascolastica, creando così una domanda portentosa, alla quale seguiva un'offerta approssimativa, ma vasta e volonterosa. Maestri di sci, istruttori di basket e di nuoto, insegnanti di lingua, catechisti: l'Italia del tempo era pronta a concedere i galloni a chiunque, purché si prendesse per qualche ora i suoi figli.

* * *

Avevo sei anni quando sono stato iscritto per la prima volta, con il n. 0073, a un corso d'inglese presso la Scuola Interpreti di Crema. Ai tempi il nome non mi turbava, anche perché non sapevo esattamente cosa facessero gli interpreti. Mi avessero iscritto alla Scuola Intagliatori, la mia reazione sarebbe stata la stessa: avrei frequentato disciplinatamente, cercando di divertirmi. Alla Scuola Interpreti, devo dire, questo non era difficile.

A distanza di trentacinque anni, ricordo tre cose: i libri, gli insegnanti e i diplomi. I libri di testo avevano le dimensioni di un quaderno, e una copertina colorata che cambiava di anno in anno: giallo per i principianti, rosso per il corso intermedio, verde per il corso avanzato, al termine del quale qualcuno sapeva perfino chiedere in inglese «Mary, sei tu una bambina?». La risposta era facile: bastava osservare un altro libro (*Mary's Mountain Holiday*), dal quale risultava inequivocabilmente che la protagonista era una femmina, per giunta piuttosto carina, e aveva un cane di nome Patters. Sui libri non c'era testo italiano; in compenso, molte figure. Questo era un vantaggio, per chi come me aveva appena imparato a leggere; ma costituiva una fonte di turbamento, poiché le figure rappresentavano oggetti e animali bizzarri. Ricordo le brocche (*jugs*), le lucertole (*lizards*) e le staccionate (*fences*), che sbucavano pagina dopo pagina. Ho il sospetto che la mia attrazione per l'Inghilterra sia sbocciata allora: un paese dove le lucertole continuavano a entrare nelle brocche passando sotto le staccionate, e nessuno parlava d'altro, doveva essere interessante.

I professori che avevano il compito di istruirci utilizzando quelle meraviglie didattiche dovevano essere giovani eroi, ma io ricordo adulti con la cravatta e gli occhiali spessi, che si sforzavano di insegnarci a pronunciare «the» senza farsi sputare addosso. Quelli che sopravvivevano all'esperienza firmavano il diploma di fine corso, che la mamma prontamente incorniciava. A quei tempi la pratica mi sembrava assurda – appendere al muro qualcosa che non era né un quadro né una fotografia. Oggi capisco che quelle cornici hanno preservato i documenti in questione, e provano due cose importanti. La prima non la capivo allora, ma la capisco adesso: i miei genitori avevano intuito come la lingua dei Beatles – 1964: *A Hard Day's Night* – mi sarebbe stata utile nella vita. La seconda cosa la capivo anche allora: esisteva una sproporzione tra la retorica di quei pezzi di carta e la mia preparazione. Il diploma, circondato da un fregio e firmato dai

Membri della Commissione Esaminatrice (che poi era uno solo: C.F. Walker), recita infatti:

Scuole interpreti
Schools of interpreters — Ecoles d'interprétariat
Dolmetscherschulen — Escuelas para interpretes

Veduti gli attestati degli studi compiuti
in questa scuola

conferiamo a

GIUSEPPE SEVERGNINI

il certificato di Primo Grado —
Corso Iniziale della Scuola Interpreti
nella Lingua Inglese

Così per tre anni, con due sole variazioni: C.F. Walker è stato sostituito in corsa da R. Townley, e il terzo diploma mi informa di aver frequentato con successo il corso Peter Pan, un particolare che al tempo mi era sfuggito.

* * *

La Scuola Interpreti non era l'unico sforzo extrascolastico che mi veniva richiesto: c'erano anche l'attività artistica e la pratica sportiva (se avessi chiesto perché, mi sarebbe stato risposto: *Mens sana in corpore sano*, che nella classifica dei latinismi di famiglia si è sempre piazzato in buona posizione, alle spalle di *Est modus in rebus* e *In medio stat virtus*). Dell'arte parleremo tra poco, quando avrò trovato il coraggio. Gli sport nei quali venivo catapultato erano diversi. Non il calcio, che ho avvicinato da autodidatta in prima media, restando per tutta la vita un volonteroso gregario. Non il tennis, al quale sono stato introdotto in età puberale, quando trovavo le compagne di doppio misto più interessanti delle palline. I miei sport degli anni Sessanta erano il minibasket, il nuoto, il catechismo e lo sci.

Del minibasket non ho molto da dire, se non che era irritante venir strappato a Zorro e al sergente Garcia per essere spedito in uno spogliatoio pieno di bambini sudati. Del nuoto, ho pochi ricordi; ma lo spettacolo di una piscina dall'alto di un trampolino non è di quelli che si dimenticano. Il catechismo non mi dispiaceva: il clima era poco competitivo, la squadra affiatata, la materia nota; e non interrogavano. Non capivo, tuttavia, la parentela tra Gesù Bambino e Babbo Natale, né perché il vangelo era sempre secondo Matteo e secondo Giovanni: mi chiedevo perché non ci fosse un vangelo primo, e un vangelo terzo.

Lo sci, invece, mi piaceva senza riserve. Da ottobre a dicembre venivo spedito a ginnastica presciistica, dove un'insegnante dolcemente autoritaria ci faceva sgobbare come reclute. Durante le vacanze di Natale, sciavo con mia sorella al passo della Presolana (talvolta, per il nostro divertimento, si cimentavano anche papà e mamma, cercando di mettere in pratica le istruzioni di *Il vero sciatore*, Longanesi 1961). Nel resto dell'inverno, andavo al passo della Presolana con i pullman del Club Alpino Italiano. Per Pasqua, quasi sempre, tornavamo al passo della

Presolana. In pratica, ero sempre al passo della Presolana.

Della località – Val Seriana, provincia di Bergamo, milletrecento metri sul livello del mare – conoscevo ogni metro quadrato. Mi erano ben note le caratteristiche degli skilift (dal placido Donico all'aristocratico Franceschetti fino al temibile Genzianella che, dietro quel vezzeggiativo, nascondeva tubi d'acciaio in grado di sollevare un bambino per venti metri). E riconoscevo ogni gobba di ogni pista, avendole percorse tutte con metodicità impressionante. Alla fine delle lezioni, condotte da maestri di stampo prussiano, affrontavo la discesa (con salto) del Genzianella, e mi guardavo bene dal compiere qualcosa di tanto facoltativo come una curva.

I materiali con cui compivamo queste imprese erano interessanti. La mia generazione è stata quella che, nello sci come nel sesso, ha vissuto i grandi mutamenti: nello sci, però, abbiamo ottenuto risultati migliori. Abbiamo cominciato a esibirci sopra attrezzi di legno con attacchi a molla, come quelli che oggi si trovano appesi ai muri nei rifugi alpini. La differenza con i pionieri degli sport invernali era che i nostri sci venivano colorati: la prima volta dalla fabbrica, la seconda e la terza dai genitori, che passavano lo stesso paio da fratello a sorella, dalla sorella a un'amichetta, dall'amichetta della sorella al fratellino della medesima – e volevano che ogni volta sembrasse nuovo. Era un riciclaggio frenetico, in seguito al quale gli sci si appesantivano continuamente. I miei si chiamavano Meteor. Quando, alla fine di una gloriosa carriera, sono arrivati ai piedi di mio fratello Francesco, erano sempre lunghi un metro e dieci, ma spessi cinque centimetri.

Il resto dell'equipaggiamento era ispirato alla stessa filosofia: risparmiare elegantemente. Le racchette ci venivano infilate sotto le ascelle, per stabilirne l'altezza: se erano troppo lunghe, non ci cambiavano racchette, ma ci facevano alzare il braccio. Maglioni e cappelli erano fatti a mano, e diventavano oggetto di una silenziosa competizione tra le mamme. Il maglione più resistente – oggi lo usa mio figlio – era giallo, con un animale non identificato sul petto, probabilmente un leone. Il cappello più disagevole era multicolore, lungo novanta centimetri, seguendo la moda elfica di quella stagione: sciando, sventolava; ma, stando fermi, andava a infilarsi dappertutto (uno mangiava un toast all'albergo Alpino, e dentro c'era il cappello). I pantaloni da sci avevano le bande laterali e i sottopiedi, in modo da restare bloccati dentro lo scarpone (coi lacci, naturalmente; la prima volta che abbiamo visto uno scarpone coi ganci, intorno al 1970, credevamo si trattasse di un'apparecchiatura ortopedica). Delle giacche a vento ho pochi ricordi, segno che le indossavamo malvolentieri, così come usavamo con fastidio le racchette: per una strana forma di machismo infantile, ci sembrava che un vero uomo – o bambino, se volete – dovesse lanciarsi a valle seminudo, con le mani libere e senza rispetti umani.

La nostra aggressività non aveva bisogno di uno psicologo per essere spiegata: era la reazione a un metodo didattico che prevedeva due anni di scaletta (per i non sciatori: salire con gli sci orizzontali, gradino dopo gradino), prima di affrontare tecniche sofisticate come lo spazzaneve. A quel punto si prendeva lo skilift, un avvenimento cui assisteva tutta la famiglia, trepidante. Seguiva il cristiania a valle con apertura a monte (diciannove pagine de *Il vero sciatore*), noto anche come sten-cristiania, una tecnica abominevole che consisteva nell'aprire lo sci esterno prima della curva, quindi richiuderlo. Solo dopo anni di pratica qualche maestro ardimentoso proponeva le curve a sci uniti, per arrivare finalmente al mitico raggio corto, una curva con saltello da usare sui pendii ripidi. Alcuni di noi lo avevano appena imparato, quando il raggio corto è stato dichiarato antiestetico e inefficace: in pratica, è stato buttato nella pattumiera della tecnica sciistica. Da questo shock molti coetanei non si sono più ripresi. Soprattutto se i loro figli, oggi, si aggrappano allo skilift dopo tre ore, e alla fine del mese curvano a sci paralleli.

La giornata dedicata a questi riti collettivi era il giovedì, giorno di vacanza nelle scuole elementari. I pullman che ci portavano al passo della Presolana potrei riconoscerli dall'odore: arance e mandarini, consumati in quantità industriale, alla faccia dei due o tre bambini che soffrivano il mal d'auto, e viaggiavano in una specie di ghetto di fianco all'autista. I viaggi – novanta chilometri, due ore di pullman – erano piacevoli perché non erano ancora turbati dalle ansie sentimentali che avrebbero condizionato le future gite scolastiche. Erano invece segnati da quella che i francesi definiscono *camaraderie* e noi, non conoscendo il francese, chiamavamo caos. Nell'ultimo sedile in fondo, lungo come un divano, sedeva l'oligarchia dei bambini più grandi, che facevano le boccacce alle auto che seguivano, e non avrebbero sofferto di mal d'auto nemmeno se li avessero fatti penzolare sopra il tubo di scappamento per tutto il viaggio. Noi piccoli occupavamo le posizioni di mezzo, e scrivevamo le nostre prime parolacce sui vetri appannati. C'era sempre qualche accompagnatore che intonava canti di montagna. Ma era un piccolo prezzo da pagare, per tanta felicità.

* * *

Le scuole di musica sono state, in assoluto, le più fallimentari. Non per colpa di chi aveva il compito ingrato di istruirmi, per un compenso annuale di lire 18mila (più Ige), ma per la mia scarsa – meglio: inesistente – attitudine per la materia. La scelta – della mamma, suppongo – era caduta sulla chitarra, uno strumento che non ho mai amato, e adesso punisco delle sofferenze che mi ha provocato trasferendola di soffitta in soffitta, dentro una custodia impolverata. Il maestro dell'Istituto Musicale «Luigi Folcioni» di Crema – un uomo massiccio, pieno di buona volontà – aveva capito subito con chi aveva a che fare: sebbene mi mangiassi le unghie come i grandi chitarristi, non riuscivo a premere sugli accordi; nel libro *Le mie prime lezioni di chitarra* di Julio S. Sagreras (con prefazione dell'autore), non ho mai superato pagina diciotto; e usavo il plettro come il pugnale di Sandokan, provocando stragi di corde. Dopo qualche tempo mi sono accorto che l'istruttore le guardava con cupidigia. Un giorno, ha confessato: le voleva per tagliare il formaggio.

Un simile, spettacolare insuccesso è arrivato dalle arti figurative. Con una differenza, anzi due: l'idea, stavolta, era di papà, che una sera la settimana mi accompagnava in questo esperimento (oppure io accompagnavo lui: il punto non è mai stato chiarito). La seconda differenza era che alcuni, intorno a me, fingevano che io avessi qualche dote. I quadri a olio appesi caritatevolmente in un corridoio della casa dei miei genitori dimostrano quanto si sbagliassero. Per carità: gli oggetti che ritraevo erano identificabili, ma richiedevano nell'osservatore una certa intuizione, ed erano disperatamente piatti. Ogni aspirazione alla tridimensionalità trovava una robusta opposizione nei pennelli e nei colori, che mi risultavano incomprensibili. Sono arrivato convinto che esistessero due pennelli (grosso, piccolo), e ho scoperto che ce n'erano a punta, piatti e a lingua di gatto. Ignoravo l'esistenza del colore bruno, e ho scoperto che ce n'erano almeno dieci (bruno di garanza, bruno Marte, bruno trasparente, bruno Van Dyck, ocra bruna, terra di Cassel, terra ombra calcinata, terra ombra naturale, terra Siena bruciata chiara, terra Siena bruciata scura). La situazione era complicata dal fatto che papà, certo delle proprie doti, produceva nature moribonde, ovvero nature morte dipinte con lentezza impressionante. Una volta però, uscendo dal corso di pittura, mi ha portato a vedere *Butch Cassidy*. Era la prima volta che andavamo al cinema insieme. Quel giorno, gli ho perdonato anche la decima copia di Paul Cézanne.

* * *

Nel tempo lasciato libero da queste attività, ho frequentato le scuole elementari di Borgo San

Pietro. Gli esordi sono stati sereni. Dall'asilo arrivavo con due amici, Franco e Emilio, con i quali formavo un gruppo affiatato, perché ognuno aveva la sua specializzazione: Emilio, biondo, aritmetica; Franco, bruno, attività manuali e pratiche. Io chiacchieravo piuttosto bene, e fungevo da portavoce del gruppo. Nella nuova classe – una delle prime classi miste – abbiamo trovato Daniela e Tiziana: la prima dolce e con gli occhi azzurri; la seconda atletica e spigliata. Di loro, a rotazione, ci innamoravamo: sognavamo di salvarle dai pericoli; peccato che non ce ne fossero.

A Borgo San Pietro ci attendeva una maestra prossima alla pensione, il cui nome pronunciavamo tutto insieme: Idaprola. Ogni tanto appariva uno sciame di tirocinanti che, dalle magistrali, erano condotte alle elementari per far pratica, e venivano splendidamente ignorate. La scuola era alloggiata in un vecchio stabile, nel luogo dove erano sorti in successione una chiesa, un brefotrofio e un ospedale. I soffitti erano alti, la scale vertiginose, e dal cortile era stata bandita ogni forma di vita vegetale. Indossavamo grembiuli neri, colletti rigidi e fiocchi blu (le femmine, rosa) che ci facevano sembrare uova pasquali semoventi, ma impedivano l'insana competizione nel vestiario che oggi sconvolge le scuole elementari italiane, per colpa dei genitori e con la piena collaborazione dei bambini. Dell'aspetto didattico, ho poco da dire: a sei anni non si hanno opinioni in proposito (mentre a quaranta se ne hanno molte, ma sono spesso quelle sbagliate). Ricordo però che non abbiamo mai disegnato aste – un'altra prova che la nostra è stata una generazione-spartiacque – bensì numeri e lettere dell'alfabeto.

In questo campo, avevo le mie preferenze. Provavo ripugnanza verso i punti esclamativi; avevo antipatia per la «*l*» minuscola (dovevamo scriverla con l'occhiello verticale); e nutrivo perplessità nei confronti della «*ǒ*» accentata, che sostituiva la terza persona singolare del presente del verbo avere (era ridicola: intuivo che avrebbe avuto vita breve). La mia vera avversaria era tuttavia la «*ß*» maiuscola. L'idea di una lettera con una pancia a sinistra e due pance a destra era ripugnante: un certo istinto simmetrico mi spingeva a disegnare due pance simili (scrivendo così una «*ω*»), oppure quattro piccole pance, producendo un quadrifoglio che, purtroppo, non faceva parte dell'alfabeto italiano.

La maestra Idaprola ha saputo aspettare pazientemente che finissi di guerreggiare con la calligrafia. Era meno paziente quando davo segni di insubordinazione; il che accadeva di frequente. La cosa preoccupante era questa: non erano ribellioni istintive, come schiacciare il cancellino sulla faccia del compagno di banco, o alzare il grembiule a Daniela; bensì contestazioni. Se non sapevo cantare, uscivo dal coro (secondo un'altra versione, sono stato espulso per somma di stonature). Se il testo di un problema non mi convinceva, lo dicevo: perché «un mendicante raccoglieva ogni giorno 55 lire», e non 50 o 100? Se non amavo il soggetto assegnato per un disegno, lo cambiavo. Ricordo che, invocando l'equivoco, ho trasformato due disegni – uno sui gatti, l'altro sull'inverno – in una rappresentazione del «gatto inferno», producendo una tavola inquietante, piena di felini diabolici.

Dei sussidiari, un nome che ho sempre trovato attraente, ricordo poco. Dubito però ne avessimo molti, perché le cartelle si potevano lanciare con facilità (oggi occorre un culturista). Ricordo, in compenso, i libri di lettura: coperti di bende e rattoppi, passano ancora oggi da una cassapanca all'altra, finché un figlio o un nipote li trova e li sottopone a nuove torture. Da alcuni di essi copiavamo le ricerche (i primi sospetti che «ricercare» non significasse «copiare» li ho avuti in seconda media; ma mi consolo: c'è chi non si è posto il problema fin dopo la tesi di laurea).

C'erano poi i sillabari e le enciclopedie, come *Il nuovo Selelibro dei ragazzi* (prodotto dal Reader's Digest) e *Vita meravigliosa per i più piccini*, un volume illustrato pieno di definizioni surreali. C'erano il bue («fratello della mucca e prezioso aiuto al contadino nel lavoro dei campi»), il monello («il ragazzo maleducato che scrive sul muro una frase poco rispettosa»), il negro («un uomo dalla pelle scurissima, che vive ancora allo stato selvaggio»), la sedia («suppellettile indispensabile in ogni casa») e il televisore («uno dei più recenti ritrovati della scienza»). Gli storici, quando studieranno copie antiquarie della *Vita meravigliosa per i più piccini*, non si stupiranno che alcuni della mia generazione, di lì a qualche anno, abbiano scelto la contestazione violenta.

Altre pubblicazioni erano meno utili alla nostra formazione scolastica, ma indispensabili alla nostra vita spirituale. Penso a *Blek Macigno*, un fumetto con la forma di un libretto d'assegni, il cui protagonista portava un cappello di pelo e aveva l'aspetto di un salumiere scandinavo; e alle figurine dei calciatori. Incollarle sull'album era un optional. Quello che ci interessava era il gioco d'azzardo. Nelle specialità conosciute come «in piedi» (la figurina veniva lanciata e doveva restare appoggiata al muro) e «sopra» (una figurina doveva coprirne un'altra), il vincitore conquistava infatti tutte le figurine sul terreno. Il gioco più affascinante era però «lungo», ovvero chi arrivava più lontano. Afferrando alcuni principi di aerodinamica, avevamo capito che, più pesante era la figurina, meglio tagliava l'aria, e più lontano andava. Questa scoperta portava i meno corretti di noi – tutti, dopo la prima elementare – a incollare più figurine tra loro. Ciò era sleale, ma spettacolare. Al momento della sfida, estraevamo figurine cubiche e, masticando legno dolce, le tiravamo con il gesto dei lanciatori di peso. Gli insegnanti ci lasciavano fare. Probabilmente, la consideravano una forma di ginnastica.

Mina e la cabina
1966

Noi stavamo ai Bagni Paola, colorati di rosa. Lei stava di fianco, ai Bagni Nord-Est, dipinti di bianco e di blu. Noi eravamo di Crema. Lei era di Cremona. Noi avevamo un cognome difficile, pieno di consonanti. Lei aveva un cognome curioso, Mazzini, più adatto a una via del centro che a una giovane donna su una spiaggia. Sembrava logico, a un bambino di nove anni, che queste coincidenze dovessero condurre a una conoscenza più approfondita, e magari a qualche iniziativa comune. Un bagno, il via a una corsa di biglie, uno spettacolo musicale presso la pensione Pineta al Mare.

Così, un pomeriggio, siamo andati in delegazione presso l'ombrellone della cantante Mina, che avevamo visto in televisione. Una volta – ci avevano spiegato – la chiamavano «l'urlatrice», ma ormai altri urlavano più di lei; ora aveva messo la testa a posto, cantava alla Bussola e aveva anche un bambino. Arrivati al suo cospetto, l'abbiamo squadrata un po'. Era truccata, e non sembrava una tigre – né di Cremona, né di qualunque altro posto. Abbiamo presentato la nostra richiesta. Lei ha guardato il mare e ha detto: «Come no?».

Ricordo che abbiamo aspettato a lungo, alla pensione Pineta al Mare, il giorno dello spettacolo (al quale i famigliari erano costretti ad assistere, a pagamento). Mina – per cui avevamo previsto una degna entrata in scena, tra l'alloro e gli oleandri – non si è fatta vedere. Gli adulti ci dicevano: «Sarà con Corrado Pani», come se fosse una giustificazione. A qualcuno, quando ormai era chiaro che lo spettacolo dovevamo farcelo da soli, è venuto in mente che all'inizio della carriera la nostra ospite mancata si faceva chiamare Baby Gate. Un nome così, in effetti, poteva spiegare certi comportamenti.

***

Al Forte arrivavamo con l'Appia seconda serie, quella con le portiere che si aprivano a salotto, e si richiudevano millimetriche, come le ante di una cassaforte. Eravamo in sei: cinque in famiglia (papà, mamma, tre figli), più la tata, che era il nome con cui si chiamavano le baby-sitter quando ancora capivano l'italiano. Avevamo bagagli dietro, bagagli dentro e bagagli sopra: gli albanesi del 1998 viaggiano più comodi dei notai del 1966. La vacanze iniziavano molti giorni prima della partenza, con l'apparizione di valigie, borse, sacche, pacchi, portapacchi e plaid. Il plaid – coperta pelosa con disegni a quadri – costituiva un ingrediente essenziale del viaggio. Assolutamente inadeguato all'estate, serviva ad avvolgere noi bambini (nove, sette e tre anni), prima di posarci sul sedile posteriore. Papà aveva una grande passione per quel tipo di coperta. Se alla partenza gli fosse stato imposto di scegliere tra la moglie e il

37

plaid, credo che la mamma si sarebbe trovata in difficoltà.

Lasciavamo casa due ore prima dell'alba. Non ho mai saputo perché. La scusa ufficiale era che, in quel modo, avremmo evitato il caldo (ai tempi l'aria condizionata esisteva soltanto sulle automobili di James Bond). Ripensandoci, credo invece che la partenza nel buio fosse un modo di celebrare l'avvenimento, e dargli l'importanza che meritava. Alle dieci si parte per una gita; alle otto, per un fine settimana. Per le vacanze estive – con papà, mamma, sorella, fratellino, tata, valigie, provviste e plaid – le quattro del mattino erano l'unica ora possibile. Immota, drammatica. Se Shakespeare fosse andato in vacanza in Versilia, senza dubbio, sarebbe partito alle quattro del mattino.

Un sociologo che avesse voluto studiare la borghesia del tempo doveva appostarsi un sabato mattina, nel buio, ai caselli autostradali di Guardamiglio (sopra Piacenza) e Binasco (sotto Milano). Nei piccoli ingorghi che si creavano – le partenze epiche degli anni Sessanta erano prevedibili come le partenze intelligenti degli anni Novanta – si ritrovavano professionisti, piccoli imprenditori, commercianti, geometri con lo studio avviato. Questi Ulisse in millecento avevano immancabilmente il pieno di benzina, tenevano i guanti da guida sul cruscotto e pretendevano la massima disciplina dall'equipaggio (di solito la ottenevano, anche perché l'equipaggio era stremato dai preparativi per la partenza). Papà faceva di più: aveva elaborato un complicato sistema di trasbordi stradali e ferroviari, grazie al quale partivamo in auto, viaggiavamo in treno e arrivavamo in auto.

Non si trattava, naturalmente, di un treno-navetta: sarebbe stato troppo semplice. Il Sistema Severgnini era il seguente. Partivamo da Crema, e dopo un quarantina di chilometri arrivavamo alla stazione ferroviaria di Piacenza. Primo trasbordo, ancora al buio: figli, mamma e tata venivano messi su un treno che, passando sotto gli Appennini, arrivava in Versilia. Papà proseguiva solo, con l'Appia, e affrontava il temibile Passo della Cisa, un nome che in famiglia ha sempre suscitato timore e rispetto. L'appuntamento era alla stazione di Pietrasanta, per poi percorrere insieme gli ultimi chilometri fino a Forte dei Marmi.

La ragione di questo sistema barocco è stata a lungo dibattuta in famiglia; e ancora oggi la questione è controversa. La tesi di mia sorella – un po' egocentrica, ma verosimile – è che fosse lei la causa di tutto: a quei tempi infatti, alla sola vista di un cartello di doppia curva, la piccola Paola cominciava a vomitare (e di curve, sulla Cisa, ce n'erano in abbondanza). La tesi della mamma era legata al bagaglio: dovendo percorrere solo quarantacinque chilometri in automobile (quaranta da Crema a Piacenza; cinque da Pietrasanta al Forte), potevamo stipare l'Appia in maniera inverosimile; se avessimo dovuto viaggiare in sei per ore, il bagaglio avrebbe dovuto essere contenuto. Papà avanzava la teoria più epica: lasciava intendere che solo un uomo poteva affrontare il temibile Passo della Cisa e scendere, illeso e trionfante, verso il mare. Nella sua voce avvertivo un orgoglio che, rivedendo le fotografie dell'Appia a pieno carico, trovo oggi interamente giustificato. Ma a nove anni si è crudeli. Appena arrivati a destinazione, invece che lodare il pilota, gli consegnavamo il canotto da gonfiare.

***

Forte dei Marmi, in quegli anni, era una nota località balneare – mi sembra si dicesse così – e aveva ambizioni mondane (la Sardegna era ancora terra di inglesi, artisti e zanzare; la Romagna veniva considerata un ripiego). Le decappottabili passavano trasportando i primi yuppie della storia d'Italia – i bulli degli anni Cinquanta, che avevano finito l'apprendistato – e ragazze di una certa età (diciott'anni, come minimo), con i denti bianchi e la fascia nei capelli. C'erano, a poca distanza, la Bussola e la Capannina: le tate andavano con noi bambini a vedere le prove al pomeriggio; sognando di tornarvi, senza bambini, la sera. Leggo in un libro sugli anni Sessanta (*La grande illusione*, di Marta Boneschi) che «in quei mesi si apriva un nuovo capitolo della scostumatezza: le ragazze ballavano in stivaletti col tacco e minigonna – cosce e glutei al vento della Versilia – oppure in minishort e piedi nudi, copiando Françoise Hardy e Sandie Shaw».

Tutto questo, devo dire, era per noi irrilevante. Per un bambino padano la notte della Versilia non esisteva: dormivamo. C'era solo la sera: passeggiata, un minigolf di rigore euclideo, il blu irreale del ghiacciolo, la sobrietà del gelato. Noi eravamo la generazione dei sei/otto gusti, figli della generazione due/tre gusti, futuri padri della generazione quaranta/cinquanta gusti. La scelta avveniva scrutando l'interno di malinconici cilindri industriali, da cui il barista estraeva una o più palline; il gelato si chiamava «sfuso» o «sciolto» (nomi disastrosi, se ci pensate: è come proporre latte acido o frutta marcia). A limone, fragola, crema e cioccolato si aggiungevano talvolta sostanze esotiche come stracciatella o torroncino; scegliere albicocca veniva giudicato un indizio di *débauche*. Ricordo la mia perplessità quando ho visto per la prima volta il gusto malaga (con le uvette): pensavo che la crema fosse stata invasa da insetti obesi.

Con il cono gelato in mano, talvolta venivamo condotti – trattamento speciale, preceduto da promesse e fantasie – a guidare un calesse tirato da un somarello, sul quale prendeva posto tutta la famiglia. Le redini in mano a un bambino di nove anni (o anche di tre) non costituivano un rischio: il somarello, una bestiola dall'aria rassegnata, non si sarebbe scomposto neppure in caso di attacco nucleare. Ogni tanto un fotografo balzava davanti a noi, scattava a raffica, e porgeva il biglietto da visita. Ho ancora alcune di quelle fotografie: un asino abbagliato dal flash, un bambino abbagliato dall'asino, un papà e una mamma abbagliati dal loro bambino. Erano serate abbaglianti, peccato che alle dieci fossero già finite.

***

L'universo diurno era ancora più limitato: non superava il chilometro quadrato. C'erano passeggiate sotto cappellini rotondi di cotone, stile

Braccio di Ferro (oppure berretti blu con le an-corine, alla Jean Gabin); costumi di lana e di spugna che salivano oltre l'ombelico, tirando sull'inguine; accappatoi decorati con motivi cinesi; sandali di cuoio blu, con due buchi a forma di fagiolo in coincidenza delle dita.

Non contenti di conciarci così, i genitori, approfittando dei capelli bagnati e della nostra indolenza estiva, ci pettinavano, e poi ci fotografavano. Noi possedevamo una Leica con esposimetro, che ci costringeva a interminabili attese sotto il sole. Papà si affaccendava intorno allo strumento e commentava ad alta voce quel che faceva. Noi capivamo che aveva bisogno di rassicurazione, e non facevamo commenti. C'erano anche le cineprese (col manico), che venivano tenute in una borsa di plastica e usate con parsimonia. Un padre degli anni Sessanta girava, in un mese, quello che un padre degli anni Novanta gira in tre ore. E il primo, se ci pensate, aveva più bambini da inseguire.

Poi c'erano le cabine. Le cabine erano il perno intorno al quale ruotava la vacanza. Dentro, ci stavamo poco, giusto il tempo di cambiarci il costume (ricordo l'odore di legno e di sale, e le coltellate di luce tra le assi). Preferivamo starci dietro, sotto e davanti.

Davanti alle cabine giocavamo a biglie: corse in linea, corse a tappe, con l'ordine d'arrivo scritto su un taccuino a quadretti. Dopo un'estate passata a rotolare sulla sabbia, i nomi dei corridori diventavano illeggibili: per riconoscere un Dancelli da un Anquetil, occorreva leccarli. Sceglievamo di proposito orari infernali. Il caldo torrido era la migliore assicurazione contro la sbadataggine degli adulti, che passando distruggevano le piste, disegnate con i glutei rotondi di sorelline ricalcitranti. Ricordo che quando il fattaccio accadeva, restavamo attoniti a guardare quelle orme disumane – orme da adulti – e protestavamo con le poche parolacce a disposizione. L'Italia ci sembrava, già allora, un posto dove le gente non guarda dove mette i piedi.

Dietro alle cabine ci trasferivamo nel tardo pomeriggio, quando il sole era sul mare. Era una terra di nessuno, in ombra, con un sabbia vagamente impura, molto più interessante di quella pettinata che trovavamo la mattina tra gli ombrelloni. Sopra di noi passavano i fili per asciugare i costumi; contro le cabine stavano appoggiati materassini e canotti, protetti dal vento. Il nostro canotto si chiamava Pinta, ed era ovale, piccolo e scolorito. Ogni giorno speravamo che qualcuno o qualcosa (temporale, ladro, bambino) lo portasse via, in modo da poterne comprare un altro, più grande e più bello. Non c'è stato nulla da fare. La Pinta era un canotto-boomerang: se scompariva, tornava indietro. Ceduta a nipoti, umiliata dai gatti delle cantine, bucata e rappezzata, serve oggi come telo in garage. È l'unico canotto d'antiquariato che abbiamo mai posseduto; gli altri erano oggetti di consumo.

Il fascino profondo delle cabine, tuttavia, non stava dentro, né davanti e neppure dietro; stava sotto. Scivolavamo nello spazio tra l'assito e la sabbia, e lì ci muovevamo – piccoli speleologi in costume di spugna – cercando gli oggetti che cadevano dall'interno (monete, ciondoli, pettini). Nessuno protestava. Non il bagnino – un tipo allampanato, che indossava pantaloni lunghi e girocollo in luglio – cui evitavamo la fatica del recupero; non le mamme, rassegnate alle nostre abbronzature pallide; non gli occupanti delle cabine che, dopo qualche spavento, avevano fatto l'abitudine a sentirci strisciare sotto i loro piedi. Non avevamo preferenze: passavamo da un'intercapedine all'altra, agili come pitoni, e la cabina occupata da una bella ragazza valeva quella di un anziano colonnello. Tutto questo prova che eravamo magri, giovani e innocenti.

I ricordi del sottosuolo non finiscono qui: la sabbia, in qualunque forma, esercitava su di noi un'attrazione irresistibile. Tra gli ombrelloni organizzavamo corse di coccinelle. Sulla battigia scavavamo trappole e gallerie, cercando l'acqua, l'obiettivo di ogni buca che si rispetti. Qualche volta, mossi a compassione verso i papà, li lasciavamo costruire un castello, per il quale si entusiasmavano, allentando la sorveglianza. Nella sabbia del mare trascinavamo un retino per cercare arselle, che poi dimenticavamo dentro un secchiello in cabina (era impossibile perderle: dopo un paio di giorni, un odore nauseante ci ricordava dov'erano). La sera, infine, percorrevamo la spiaggia, dopo l'ultimo bagnante ma prima del bagnino: il sogno era trovare qualche giocattolo dimenticato, e lo trovavamo – solo che di solito era nostro.

Quando non esploravamo il terreno, non strisciavamo sotto le cabine e non scavavamo buche, scrutavamo il cielo, che a quei tempi era piuttosto affollato. Passavano infatti aerei da turismo che trascinavano grandi striscioni pubblicitari – e questo ci importava sì e no. Ma alcuni di questi aerei lanciavano, appesi a minuscoli paracadute, piccoli regali (creme, cuscini e palloni gonfiabili, ventagli di dubbia qualità). Trasportati dal vento, i paracadute finivano regolarmente in mare, dove s'afflosciavano come meduse tristi. Per i bambini delle spiagge, questo era un richiamo irresistibile. Di creme e cuscini non ci importava niente; ma il fatto che piombassero dal cielo dava a questi oggetti un fascino particolare. Appena gli aeroplani apparivano all'orizzonte, cominciavamo a correre come profughi che vedono giungere insperati aiuti umanitari; e se i paracadute finivano in mare, ci buttavamo tra le onde, cercando di arrivare per primi. Credo che molti, nella mia generazione, abbiano imparato a nuotare così.

Le mamme dalla spiaggia ci guardavano, e sorridevano indulgenti. Immagino ci vedesse anche Mina, dal suo ombrellone nei Bagni Nord-Est. Mi chiedo se le sia mai passato per la testa che uno di quei minuscoli kamikaze – un bambino secco, uno di quelli che ripescavano soprattutto paracadute vuoti – un giorno avrebbe scritto di lei. Forse no. Altrimenti quella sera non ci avrebbe fatto aspettare per niente, tra i dondoli della Pineta al Mare.

***

Era un luogo affascinante, la pensione Pineta al Mare. Ho cercato più volte di tornarci, passando in Versilia. Ma ho sempre avuto difficoltà a trovarla, come se si nascondesse, pudica, in una delle traverse che partono dalla strada provinciale, e si allungano tra le case basse e le piante che spuntano dai giardini (non so se la strada che separa la spiaggia dal paese sia davvero una provinciale. Ma per la famiglia Severgnini non sono mai esistite strade statali o strade comunali; ogni strada pericolosa e piena di traffico, da attraversare con i genitori, era automaticamente una provinciale).

Devo perciò affidarmi ai ricordi: non molti, ma limpidi. Innanzitutto, la pensione Pineta al Mare non era sul mare e non stava in una pineta. In compenso, era una pensione. Per ottenere la qualifica un luogo doveva ritenere una dose minima di scomodità, ripagata dall'accoglienza familiare e dai sorrisi delle cameriere (meglio se del posto, non giovanissime, quasi materne). La Pineta al Mare offriva queste cose, e molto di più.

Era un lungo edificio con i muri bianchi e le persiane verdi, circondato da una siepe che forniva la protezione che i genitori chiedevano e noi apprezzavamo, per poter scorrazzare liberi. Ricordo, vicino all'ingresso principale, un atrio in penombra, ma non era un luogo che attirasse un bambino di nove anni, o dove quest'ultimo fosse gradito. Nel giardino erano disposti tavoli e dondoli, che venivano utilizzati come altalene. Lungo i muri, stavano batterie di biciclette e passeggini, muniti di ruote solide, che incutevano rispetto. Si mangiava due volte al giorno sotto una veranda, da cui era possibile controllare lo stato di avanzamento dei giochi. Uno dei più popolari si chiamava «brutte statuine», ovvero le smorfie trasformate in sport agonistico (non avevamo videocassette e video-

giochi, e i mostri dovevamo produrceli da soli).
Altri passatempi erano più tradizionali e, sotto
nomi diversi, consistevano in rincorse affanno-
se sulla terra battuta. Come i duelli dell'Ottocento, si interrompevano alla comparsa del primo sangue.

I compagni di gioco erano immutabili, come
i pini marittimi. Le famiglie con bambini tendevano infatti a tornare, anno dopo anno, nello
stesso posto. C'erano tre fratelli, figli di un di-
plomatico (con il primogenito, durante l'anno,
scambiavo lettere filosofiche su P.G. Wodehou-
se e la difficile arte delle biglie). C'era una piccola toscana bruna che conosceva i meandri del
luogo, essendo la figlia dei proprietari; un prodigio ambulante che, in occasione delle nostre
imprese, ci garantiva informazioni (prima), co-
perture (durante) e giustificazioni (dopo). E c'e-
ra una bambina milanese del tutto simile a una
bambola, come se ne producevano a quei tempi:
aveva un sorriso radioso, e un'aria piacevolmente autoritaria. Di lei, negli intervalli delle
corse di biglie, pensavo di essere seriamente innamorato, e la cosa mi preoccupava, essendo lei
più alta di me, e di Milano. Perciò, due volte irraggiungibile.

Il tempo, alla pensione Pineta al Mare, tra-
scorreva lento: un mese durava parecchio, nel
1966. Le cose da fare venivano diluite sapien-
temente lungo le giornate, in modo da occupare
le ore che non trascorrevamo ai Bagni Paola.
Ricordo interminabili prime colazioni, conver-
sazioni al rallentatore e pomeriggi dietro le
persiane, in un silenzio imposto ma non spiace-
vole. Insieme all'orario per il bagno (tre ore dopo i pasti), quelle sieste pomeridiane sono state

la mia scuola d'attesa. Non voglio dire, con questo, che i bambini di oggi non sappiano più aspettare. Dico solo che noi eravamo dei professionisti, e sapevamo distillare piacere dalle nostre vigilie. O, almeno, questa è l'impressione che mi è rimasta. Cosa ci volete fare: non è mai troppo tardi per avere un'infanzia felice.

La guerra delle pigne
1968

La mia infanzia è stata una continua migra-
zione da una banda all'altra. Diverse per ramo di attività, ma accomunate da una carat-
teristica: nella gerarchia interna dovevo rico-
prire un ruolo dirigenziale. Non ho mai pro-
vato interesse per bande dove avrei finito per
fare la mascotte: preferivo fare il capo, o il vi-
ce-capo. Se, crescendo, non ho inseguito cariche – la prospettiva di diventare presidente di
qualcosa mi provoca un'incontenibile ilarità –
è perché, tra i dieci e i quattordici anni, ho co-
mandato abbastanza. Non tutti mi ubbidiva-
no, anche perché il mio diminutivo era Gege.
Ma potevo dar ordini, e questo era quello che
contava.

Il luogo in cui ho potuto sfogare questa vocazione dirigenziale è Bratto – frazione di Ca-
stione, provincia di Bergamo – tradizionale
luogo di villeggiatura della borghesia lombarda. Dico Bratto, ma dovrei essere più preciso:
il mio regno era la Palazzina Est, che sta di
fianco alla Palazzina Ovest, che sta vicino al
monumento, che sta di fronte al cimitero, che
sta dietro al campo di calcio, che sta davanti
alla chiesa. In quei cinquecento metri quadra-
ti godevo di una certa autorevolezza. Mi inven-

tavo avversari – ogni banda deve averne – ma non li temevo: a undici anni, potevo permettermi qualche sconfitta.

La Palazzina Est era – è ancora – un curioso condominio, come se ne costruivano negli anni Sessanta: un parallelepipedo con il tetto spiovente e mezza facciata rivestita di legno, per dare un tocco montano. Consisteva di nove appartamenti, otto garage e un giardino pieno di rocce, discese, abeti, muretti, lampioni e quant'altro occorra per rendere pericolosi ed eccitanti i pomeriggi di un bambino. A valle, un campo scendeva verso il paese. A monte, un altro campo portava a un gruppo di case abitate da altre famiglie con bambini. La Palazzina Est stava nel mezzo: era un Fort Apache dove si giocava a tutto, meno che a indiani e cow-boy.

Le bande si formavano di anno in anno. I grandi erano favoriti rispetto ai piccoli; i figli dei proprietari rispetto ai figli degli inquilini di una sola estate. In qualità di undicenne figlio di proprietario potevo aspirare al ruolo di comando cui anelavo, ed esercitavo con feroce sagacia: i bambini piccoli, per esempio, venivano accettati e immediatamente messi a svolgere i lavori più umili (che peraltro li divertivano moltissimo). Le principali attività della banda, che contava una quindicina di elementi, erano le seguenti: casette, vendite, esplorazioni, partite, battaglie. Se escludete le battaglie, sono le grandi passioni nazionali.

Le casette erano la nostra ossessione. Le costruivamo dappertutto, con la solerzia di palazzinari romani. Le più semplici sorgevano sotto i noccioli: bastava ripulire il terreno (compito dei piccoli), appendere una coperta ai rami (compito delle bambine), e procedere all'inaugurazione (compito mio). Le capanne sotto gli abeti erano più complesse. Per ottenere un minimo di privacy, dovevamo chiudere lo spazio alla base degli alberi. Per questo occorrevano molte coperte e molto tempo: e noi avevamo più questo che quelle. Spesso, perciò, ricorrevamo a fronde strappate nel circondario: non importava che piante fossero; bastava che avessero molte foglie. Non ricordo che strumenti usassimo: probabilmente le strappavamo a mani nude. Eravamo spietati. Se esistesse un filmato di quelle spedizioni, dovrebbe essere trasmesso a *Geo & Geo*, per mostrare com'era l'Italia degli anni Sessanta: un luogo dove l'imperativo categorico era costruire. Quello che si demoliva nel contempo era secondario.

Un giorno abbiamo creato una tendopoli tra quattro alberi: aveva un simpatico aspetto arabo, ma è crollata in una notte di vento. Così, abbiamo cominciato a prendere in considerazione la possibilità di costruire *sugli* alberi. Non escludo che la suggestione sia venuta dal *Barone rampante*, che ci avevano fatto leggere in prima media e, secondo Italo Calvino, si era esibito duecento anni esatti prima di noi. Noi però non salivamo sulle piante per protesta; ma per stupire, e tornar giù.

Nei rifugi aerei passavamo un tempo spropositato. Poiché non ci stavamo tutti, alcuni si mettevano di sentinella sui rami più alti; una scusa per terrorizzare le madri, che uscivano sul balcone e si trovavano un figlio all'altezza del naso.

Un'altra attività che ci procurava soddisfazione era il commercio. Non vendevamo, come i nostri coetanei, fumetti e vecchi giocattoli: quella – ragionavamo – è roba da bambini, e i bambini dispongono di poco contante. I nostri prodotti erano per adulti: profumi, cipria, shampoo, creme, pettini e soprammobili. La prevalenza di cosmetici era dovuta a due zie profumiere, i cui cassetti, prima delle vacanze, venivano saccheggiati. Saggi-omaggio («campioncini», li chiamava la zia Francesca), bottiglini, bustine, fondi di magazzino: andava tutto bene, a patto che si potesse trasportare. Disposti su un muretto di montagna, quei prodotti assumevano un fascino straordinario, e consentivano ricarichi favolosi: non avendoli pagati niente, duecento lire (prezzo medio) erano un grande incasso.

Il meccanismo di vendita era semplice. La mercanzia veniva allineata davanti alla Palazzina Est e alla Palazzina Ovest: i nostri clienti, in sostanza, erano i genitori, che dovevano dire di sì; e i vicini, che si vergognavano a dire di no. Quando la clientela, pur di non affrontarci, si barricava in casa, andavamo a suonare il campanello (c'era chi, per sbarazzarsi di noi, comprava tutto). Nella complessa struttura societaria ho rivestito molti ruoli, dal cassiere al direttore del personale; mai quello del responsabile della qualità. Forse per evitare scrupoli di coscienza. Vendevamo infatti profumi originali di Christian Dior, che finivano subito; e profumi artigianali ottenuti macerando ciclamini e scrivendo a mano l'etichetta (se il profumo tardava a comparire, immettevamo due gocce di Christian Dior). La vera fonte di reddito era però la cipria prodotta sfregando tra loro due mattoni forati, e comprimendo la polvere ottenuta. Se penso all'effetto che poteva avere sulle pelli delicate, provo ancora rimorso.

Alla fine dell'estate, prima di tornare in pianura, ci riunivamo per stabilire come impiegare i ricavi che nel nostro caso, non avendo costi, corrispondevano ai guadagni. La delibera veniva adottata come in una società per azioni: il consiglio (i grandi, sopra i dieci anni) decideva; l'assemblea approvava disciplinatamente. Un anno, nella mia qualità di direttore generale, ho proposto di acquistare una tenda canadese. Così abbiamo fatto; poi un bambino milanese ha chiesto se poteva prenderla in consegna per l'inverno, e non l'abbiamo vista più (ricordo il nome, ma non vorrei creare apprensioni nell'azienda per cui lavora).

L'anno dopo abbiamo comprato una gallina. L'abbiamo chiamata Lina, le abbiamo messo il guinzaglio e abbiamo cominciato a portarla a spasso. Di notte, la chiudevamo in garage. Alla fine dell'estate, con il consenso del gruppo (che forse intendeva ripagarmi delle condizioni in cui era ridotto il garage, o non era presente quando ho infilato il pollo nell'Appia), ho avuto l'onore di ospitare Lina in pianura fino all'estate successiva. La trasferta ha fatto bene alla nostra mascotte, che a Crema ha ottenuto primati di produzione ovaiola. La mamma sembrava contenta. Noi eravamo orgogliosi. Solo papà appariva perplesso: era l'unico notaio italiano che tornava dalle ferie con una gallina.

***

Le passeggiate in montagna mi turbavano. Non che non mi piacessero; ma le consideravo bizzarre. Non capivo che senso avesse faticare in salita, quando esistevano le discese. Non trovavo eccitante zigzagare tra le maestose defecazioni delle mucche bergamasche, per cercare mirtilli e lamponi, regolarmente in vendita dal fruttivendolo locale. Infine, non riuscivo a capacitarmi di come le mamme riuscissero a parlare tanto per raccontarsi a vicenda di non avere fiato: era un controsenso logico, e un mistero fisiologico. Al termine della salita, c'era però una consolazione: il picnic, un'istituzione degli anni Sessanta.

Le famiglie italiane si dividevano in due grandi gruppi: quelle organizzate, che portavano tavolo, sedie e una lista delle vivande degna di un albergo; e quelle disorganizzate, che sedevano sul plaid e consideravano le uova sode il piatto forte. Noi appartenevamo ai disorganizzati. Il guaio è che la mamma non lo sapeva, ed era convinta di essere organizzatissima. I nostri cesti da picnic non avevano nulla in comune con gli *hampers* che vent'anni dopo avrei ammirato a Glyndebourne e Ascot: erano cesti di vimini ricevuti come pacchi-dono per Natale, e riciclati all'arrivo dell'estate. All'interno, non disponevano di quelle astute cinghiette che permettono di immobilizzare posate, termos e bicchieri. Cosicché bicchieri e posate andavano su e giù per tutta la passeggiata, producendo rumori impressionanti, e sconvolgendo il provvisorio ordine delle vivande: nessun panino al salame, dopo essere stato colpito ripetutamente da un termos, riesce a mantenere la propria dignità.

Questo pressappochismo aveva tuttavia un vantaggio: rendeva l'occasione festosa. Le regole valide nel corso dell'anno – non mangiare con le mani, non abbuffarsi, non parlare con la bocca piena – saltavano, e lasciavano il posto a una splendida anarchia, dove contavano solo la destrezza e la rapidità di esecuzione. La fame era molta, il cibo appena sufficiente, i pericoli innumerevoli, l'eccitazione assicurata: con un po' di allenamento era possibile tagliarsi con le scatolette di carne Simmenthal e addentare un panino imbottito di stagnola, rovesciare il sale sull'uovo sodo e far cadere una fetta di salame tra le formiche in attesa. C'era anche l'intrattenimento (papà alla caccia del salino che rotolava a valle) e il momento ecologico: ben prima che lo dicessero gli ambientalisti, nella famiglia Severgnini era proibito abbandonare rifiuti. Era invece obbligatorio chiuderli nello zaino, dove talvolta venivano dimenticati fino al picnic successivo, dando al tessuto quel caratteristico odor pattumiera.

Anche il resto dell'equipaggiamento era improvvisato: il che non vuol dire scadente, badate bene. Papà e mamma erano invece antesignani della multifunzionalità: in altre parole, ritenevano che lo stesso oggetto dovesse servire in occasioni e per scopi diversi. Lo zaino, per esempio, era probabilmente appartenuto a qualche antenato-soldato: era piccolo e soffice, in modo che qualsiasi oggetto appuntito si piantasse nella schiena. Il plaid proveniva dall'Appia, ed era un veterano dei viaggi in Versilia. Gli scarponi coi lacci erano gli stessi che, d'inverno, usavamo per sciare – mio padre non provi a negarlo: ho fotografie che lo provano – e le piccozze da montagna venivano staccate dalle pareti, dove servivano a decorare l'appartamento tra un picnic e l'altro.

L'abbigliamento, invece, era tipicamente montano. Per una questione estetica, più che pratica. Le mamme degli anni Sessanta avevano un'idea molto chiara su come dovessero vestire i figli tra valli e prati: un incrocio tra sudtirolese e monegasco, che ci trasformava in piccoli indossatori. Mentre al mare, caldo e nudità impedivano di sbizzarrirsi oltre il lecito, la montagna forniva innumerevoli pretesti per addobbare i bambini. Andavano molto il velluto, i calzoncini di pelle, i pantaloni alla zuava, le calze al ginocchio e i girocollo blu. Per le passeggiate, c'erano i maglioni grigi con bordi verdi e rossi, e cerniera centrale. Ancora oggi, appena ne vedo uno – sono rimasti di moda: i gusti delle mamme italiane sono passati alle figlie e servono a decorare i nipoti – i miei piedi rispondono a un riflesso pavloviano, e cominciano a marciare da soli verso la prima salita.

***

Il bello delle passeggiate era che, a un certo punto, finivano. E potevamo riprendere l'abbigliamento approssimativo e l'attività frenetica, a metà tra ragazzi della via Pal e Robinson Crusoe in versione alpestre. Attività che non godeva dell'approvazione incondizionata del condominio: gli inquilini senza figli, per esempio, non gradivano che trasformassimo il giardino in una baraccopoli e giocassimo a calcio

nel parcheggio, usando come porte le bascu-
lanti dei garage (erano perfette: rimbombava-
no quando venivano colpite da una pallonata,
e non lasciavano dubbi sul gol). Ogni tanto, in
seguito a queste imprese, venivamo redarguiti
dai genitori, che minacciavano di raccontare
tutto al geometra Menni, l'amministratore. La
minaccia ha funzionato fino al giorno in cui il
geometra Menni è arrivato davvero, a bordo di
un'auto decappottabile, con indosso un foulard
che, ci è stato spiegato, serviva per evitare il
torcicollo, di cui soffriva. L'amministratore
avrebbe avuto i capelli al vento, se avesse avuto capelli: invece era calvo e lucido, ma si trattava di una calvizie allegra, sullo stile di Jas
Gawronski (che, per me, è sempre stato una
reincarnazione del geometra Menni). Ricordo
che lo abbiamo fissato intensamente: sgridare
bambini – era evidente – non rientrava tra le
sue priorità.

I nostri avversari erano altri: si chiamavano Radaelli e Piccinelli. Lo dico, a distanza di
trent'anni, con affetto: se non ci fossero stati,
i nostri genitori avrebbero dovuto inventarli.
I signori Radaelli e Piccinelli erano contro-
parti perfette: erano entrambi milanesi (quindi proprietari di un accento che sentivamo solo in televisione, nelle scenette di *Canzonissima*); avevano nomi che rimavano; ed erano,
per aspetto e carattere, diversi tra loro. Il ragionier Radaelli era basso e robusto, e ricordava vagamente Mariano Rumor; il dottor
Piccinelli, alto e magro, aveva il tratto britannico di David Niven. Radaelli abitava al primo piano; Piccinelli all'ultimo piano. Li di-
sturbavano cose diverse: Radaelli non soppor-

tava le pallonate contro la Citroën e il chiasso nelle prime ore del pomeriggio (che noi producevamo in abbondanza, giocando sotto le finestre della sua camera); Piccinelli detestava le tende e le capanne nel giardino, che dal suo balcone doveva sembrare un accampamento di zingari.

Come ho detto, ho un debito con i signori Radaelli e Piccinelli. Non credo fossero cattivi; semmai un po' irritabili. Ma a quel tempo incutevano paura, e questo naturalmente è un bene. Quei due professionisti in vacanza svolgevano un ruolo fondamentale: erano la versione condominiale del lupo o dell'orco, rappresentavano il «fattore d'impedimento» che non deve mancare nelle favole (lo scriveva Vladimir Jakovlevic Propp in *La morfologia della fiaba*, Mosca 1968). Naturalmente non ci rendevamo conto di tutto questo: un bambino che si spaventa perché lo dice Vladimir Jakovlevic Propp è da portare da uno specialista. Ci bastava sapere che esisteva la possibilità di venir sorpresi, sgridati e denunciati (ai genitori). Il tutto era estremamente eccitante. Un condominio abitato solo dallo squisito ingegner Villa, che una volta aveva acquistato con cinquecento lire d'argento un orribile soprammobile prelevato nel nostro salotto, sarebbe stato, a lungo andare, insopportabile.

***

Le passeggiate, come ho spiegato, erano tra i momenti meno interessanti della vacanza, compensati in parte dal picnic, ma appesantiti dalle fotografie, per cui occorreva mettersi in posa come folletti tra i rododendri. Ben più entusiasmanti erano le escursioni oltre i confini della Palazzina Est. Tutto, fuori dal nostro Fort Apache, ci sembrava incerto e pericoloso. E, in parte, lo era davvero.

Quella, dovete pensare, era un'Italia in costruzione. Un grande cantiere dove si facevan cose utili, cose belle, talvolta (non spesso) cose belle e utili. In una località come Bratto, a soli novanta chilometri da Milano, il boom economico assumeva un significato acustico: le mine esplodevano tutta la giornata, per sgombrare i terreni dai massi che li occupavano e che, opportunamente domati, sarebbero diventati muretti, scalini e rivestimenti. Su quei massi – prima e dopo l'esplosione – noi bambini andavamo a picchiare le ginocchia, le braccia, di tanto in tanto le teste. Nei miei ricordi montani c'è sempre una benda, un cerotto, un dottore che mi tiene fermo perché mi deve cucire. Sono certo di essermi ferito in bicicletta, in monopattino, salendo su un albero, scendendo dalle scale, saltando da un balcone e scivolando mentre cercavo i quarzi, il luminoso regalo che costruzioni ed esplosioni offrivano ai bambini dell'epoca (insieme ai fili di rame, l'altro metallo prezioso delle nostre ricerche). Per fortuna, le mamme non erano apprensive. O, se lo erano, mascheravano bene l'ansia, osservando dai balconi le attività che spesso non erano pericolose, in sé. Ma noi riuscivamo a renderle tali con una serie di accorgimenti.

Una nostra passione era l'esplorazione del burrone che fiancheggiava la Palazzina Est, e divideva Bratto da Dorga. «Burrone» non era un termine esagerato: il torrente scorreva — quando scorreva — tra le rocce sul fondo, e le pareti erano scoscese, coperte di rovi, abeti e noccioli. Gli abitanti avevano un nome, per quel luogo: la valletta dei Gler. Il vezzeggiativo ci piaceva: serviva a mascherare il nostro eccitante terrore. Lo strapiombo, protetto da una rete, era l'inizio dell'ignoto, il simbolo dell'assolutamente vietato. Laggiù, secondo la leggenda che ci eravamo costruiti e perfezionavamo anno dopo anno, vivevano i «ragazzi della valletta», che non avevamo mai incontrato, ma immaginavano astuti e aggressivi. A fine stagione, prendevamo corde e picozze e scendevamo fino al torrente, pronti alle imprese più ardite. Di solito si riducevano alla raccolta di bulbi di ciclamini — che laggiù si salvavano dalla furia giardiniera delle mamme lombarde — e all'analisi degli elettrodomestici rotolati a valle nel corso degli anni. Ma l'emozione era violenta. La Palazzina Est, vista dal basso, era un'altra cosa.

***

Avevamo anche una squadra di calcio, con la quale sfidavamo i bambini delle case a monte, un turbolento miscuglio di turisti e indigeni, capitanato da Umberto Gay, che forte di quell'esperienza, ha poi assunto la guida milanese di Rifondazione Comunista. Non ricordo il colore della loro maglia: mi sembra fosse bianca, oppure blu. La nostra era gialla, ma ogni giocatore dava al colore un'interpretazione personale: c'erano maglie giallo limone, giallo canarino, giallo senape e giallo oro. Per riconoscerci in campo, ognuno doveva perciò incollare sul petto due strisce diagonali blu, usando il nastro da elettricista, che aveva il vantaggio di essere impermeabile. L'effetto finale era agghiacciante, ma di nostra soddisfazione.

La maglietta gialla e blu si accompagnava ai pantaloncini bianchi – vietate le mutande – e agli scarponcini da montagna, efficaci nei contrasti (le scarpe da ginnastica venivano considerate effeminate e inopportune). Così abbigliati, scendevamo in battaglia, e non è un modo di dire. Le partite, che si giocavano tra le pozzanghere del campo davanti alla chiesa, erano un concentrato di retorica e scorrettezza, applaudito da mamme e sorelle, che non capivano niente di calcio, e credevano che tutti i bambini del mondo giocassero in quel modo malvagio. Ci incontravamo un paio di volte ogni estate, e di solito vincevamo una volta a testa. Lo spareggio era affidato a uno sport ancora più cruento: la guerra delle pigne.

Qui devo fermarmi, e fornire alcune spiegazioni botaniche. Le pigne che crescevano nei dintorni della Palazzina Est non avevano nulla a che fare con quelle che si trovavano al mare, leggere e profumate. Le pigne del bergamasco erano missili aria-aria, siluri affusolati in grado di fendere l'aria e piombare a tradimento sull'avversario. Ideale accompagnamento delle pigne erano le palle di terra, ottenute comprimendo il terreno argilloso che le talpe, nostre alleate per l'occasione, smuovevano nei prati. Ma le talpe non ci mettevano dentro i sassi. Noi, talvolta, cedevamo alla tentazione.

Nei giorni precedenti la battaglia, tutta la

banda era impegnata nella raccolta delle pigne e nella confezione delle palle di terra, che venivano messe in cassette di legno e lasciate nei punti strategici. Ai piccoli venivano assegnati compiti di sentinella; le femmine avevano l'incarico di non far mancare le munizioni. Noi – i maschi di dieci e undici anni – avevamo il compito di lanciare: la reputazione di ognuno, a quei tempi, era proporzionale alla mira. I preparativi occupavano molti giorni, durante i quali le famiglie non capivano il perché della nostra tranquilla disciplina. Capivano di colpo il giorno della battaglia, barbara e primitiva, quando le truppe di Umberto Gay si lanciavano attraverso il prato e venivano accolte da raffiche di pigne e scariche di terra. Il comportamento sul campo consacrava le gerarchie dei gruppi: c'era una bambina bruna di Milano – la quarta di quattro sorelle – che, a dispetto del nome – si chiamava Pia – tirava come una furia, e dopo ogni scontro veniva guardata con rispetto.

Ho il sospetto che, in quell'estate 1968, l'ispirazione per scontri e barricate venisse dai telegiornali. Ma non ne sono certo e, sinceramente, spero che non sia così: quell'agosto bergamasco non aveva bisogno di copiare dal maggio francese, per essere interessante. Rispetto ai contestatori con il doppio dei nostri anni, oltretutto, noi eravamo più leali: non ce la prendevamo con poveri poliziotti malpagati, ma con altri bambini. Eravamo felici di essere, contemporaneamente, aggressori e vittime. Quest'ultimo ruolo, tuttavia, aveva i suoi inconvenienti. Mentre difendevo da solo il muretto di confine – mi sembrava di essere uno di

quei soldati che vedevo nelle stampe in casa
della nonna Coca — una pigna avversaria mi è
arrivata diritta in un occhio. Ricordo che sono
stato portato d'urgenza all'ospedale di Cluso-
ne da una mamma nervosa che, del suo primogenito, diceva cose piuttosto sconvenienti.
Nemmeno in quell'occasione, tuttavia, il com-
battimento è stato sospeso. Non so dirvi, perciò, chi abbia vinto.

Piccole mummie crescono
1969

Avevo poco più di sette anni quando mi è stato comunicato che avevo chiesto di entrare nei lupetti, i più piccoli tra gli scout. Non ricordo, come spesso capita ai volontari, di aver preso l'iniziativa: ma prima che potessi protestare, mi sono trovato in testa un cappellino verde, e mi chiamavano «cucciolo».

L'organizzazione era basata sul *Libro della Giungla* di Rudyard Kipling. I lupetti, divisi in sestiglie, formavano il branco. C'erano i rossi, i grigi, i neri e i pezzati. Io sono stato messo nei pezzati e, una volta capito di che colore si trattava, non ho avuto nulla da obiettare.

Ai nuovi arrivati veniva fornita una mappa catastale dell'autorità. Il capo-branco si chiamava Akela; i suoi aiutanti Kaa e Bagheera, come il serpente e la pantera; l'assistente spirituale aveva il nome dell'orso, Baloo; c'era anche Cil l'avvoltoio, i cui compiti erano vaghi. L'organizzazione non era più cervellotica di quella scolastica, e noi bambini capivamo perfettamente quello che dovevamo fare: giocare, cantare, picchiarci e perdonarci, compiere ogni giorno una buona azione e, soprattutto, stare agli ordini (la Legge del Lupetto consisteva in due soli articoli: 1. Il Lupetto ascolta il Vecchio Lupo. 2. Il Lupetto non ascolta se stesso). Giunti all'età di nove anni, ci toccava assumere qualche responsabilità. Prima vicecaposestiglia, poi caposestiglia, due nomi così difficili che chi li sapeva pronunciare era automaticamente nominato.

L'incontro settimanale avveniva il sabato pomeriggio nel seminterrato del Cuore di Crema, un centro di accoglienza vicino alla roggia Cresmiero, che i cremaschi chiamano brutalmente *Traacù*. Il piccolo prato mi appariva enorme, e comunque sufficiente per giocare a «buldo», un'attività solo poco più violenta del football americano. Funzionava così: il branco si disponeva su un lato del prato; un malcapitato prendeva posizione al centro. Al grido di «Buldo!» («bulldog», o «bullo»: il punto non è mai stato chiarito), il branco caricava: il lupetto al centro doveva bloccare e sollevare un avversario; se ci riusciva, conquistava un alleato. Alla carica successiva, i sollevatori sarebbero stati due; e così via. Ricordo che per un paio d'anni, prima di riuscire a gridare «Buldo!», mi trovavo per aria; poi sono riuscito a passare indenne; nell'ultima stagione da lupetto correvo impunemente avanti e indietro. Non solo ero diventato più veloce: avevo sviluppato uno sguardo autoritario che riuscivo a lanciare anche in corsa, e sui cuccioli funzionava a meraviglia.

Una possibilità è che fossi diventato troppo pesante. Non tanto per una normale progressione fisiologica, quanto per gli avanzamenti di carriera. I nostri maglioni verdi infatti, mese dopo mese, si arricchivano di distintivi, gradi e brevetti. Il primo passo era la promessa, che consentiva di apporre sul cuore e sul berretto un distintivo di forma circolare. Seguivano le stelle: la prima stella valeva una generica promozione a dirigente; la seconda stella era l'equivalente lupettistico della nomina ad amministratore delegato. C'erano poi le strisce: il vicecaposestiglia ne portava una; il caposestiglia, due. C'erano, infine, i brevetti triangolari da cucire sul braccio: per ottenerli, occorreva superare una prova. Io sognavo di conquistare brevetti come esploratore e atleta; ma tendevo a ottenere quelli di poeta e massaia, rappresentati da una penna d'oca e da uno spazzolone. Ne andavo orgoglioso comunque. L'importante era che fossero colorati.

* * *

Quando un lupetto, schiacciato sotto il peso delle onorificenze, non riusciva più a muoversi, era tempo di entrare negli scout. Il passaggio avveniva intorno ai dodici anni. Il cappello si allargava, il maglione verde si mutava in una camicia grigia, le sestiglie lasciavano il posto alle squadriglie; solo i pantaloni rimanevano corti.

Facevamo di tutto: vendevamo calendari a chi non voleva comprarli; costruivamo ponti sui fossi, sotto lo sguardo perplesso dei contadini; trascorrevamo la notte in qualsiasi posto, a patto che fosse scomodo e isolato. Al risveglio, spesso, ci sobbarcavamo marce da forzati. Il ritornello della nostra canzone preferita diceva «...il ritmo dei passi ci accompagnerà, / là verso gli orizzonti lontani si va!»; e noi lo prendevamo alla lettera, lasciando sbalorditi i genitori, che non capivano da dove venisse tanta dedizione.

Un'altra nostra passione erano i «grandi giochi», che potevano durare anche una notte intera, e non avevano nulla da invidiare ai *war-games* per cui vanno matti, oggi, gli americani (noi però avevamo dodici anni).

Le regole erano poche, come si conviene a tutte le cose serie. Ci si divideva in due squadre, si prendevano le armi – calze imbottite di gesso, bombe d'acqua – e si ascoltava la trama del gioco che consisteva, di solito, nella conquista di una piazzaforte, previa eliminazione di tutti gli avversari. Talvolta, occorreva affrontarli in duello: vinceva chi riusciva a strappare lo "scalpo" (il fazzoletto) che pendeva dalla cintura altrui. Come allegorie belliche, questi giochi erano spaventosi: ma lo sono, se ci pensate, anche le battaglie infantili tra indiani e cowboy. La cosa importante era un'altra. I "grandi giochi" – e le uscite in genere – costituivano una scuola insuperabile in tre discipline difficili: il freddo, il buio e la lealtà.

La lealtà era incoraggiata e, non essendo imposta, veniva praticata. Quasi sempre l'eliminazione dipendeva dalla parola della vittima, contro cui esisteva solo la testimonianza dell'assalitore. Chi veniva colpito da una bomba di gesso, per esempio, avrebbe potuto spazzolarsi il maglione, e far finta di nulla (con le bombe d'acqua era più difficile). Se questo accadeva a un passo dalla base nemica – raggiunta dopo ore di movimenti silenziosi, e lunghe attese tra rami e radici – la tentazione era forte; ma nessuno ci cadeva. Non so se fosse merito di Kipling, di Baden Powell o dell'insegnamento cristiano; se dentro di noi agisse l'etica protestante o l'ottavo comandamento. Di sicuro, non dicevamo bugie e accettavamo le sconfitte. Forse anche perché, chi vinceva, non vinceva niente.

1969

La seconda lezione era quella del buio. Ho percorso più strade senza luce, boschi scuri e campi color inchiostro in quegli anni che nel resto della mia vita. Eravamo adolescenti elettrici: dal tramonto in poi ci aggiravamo con una torcia in mano. Ci muovevamo come animali notturni: l'abitudine aveva sconfitto il timore; e la consapevolezza di far qualcosa che preoccupava le famiglie bastava a confortarci. I più grandi, i quattordicenni e i quindicenni che comandavano le squadriglie, si concedevano piccoli sadismi: per esempio, dirigere il fascio di luce dentro le macchine degli amanti, che rispondevano con orribili imprecazioni. Noi novizi rinunciavamo a queste trasgressioni: anche perché non sapevamo bene cosa avremmo interrotto.

Infine, c'era il freddo. Era di due tipi: umido e bagnato. Le nostre attività primaverili sembravano attirarci in prossimità di fiumi, rogge e ruscelli; d'autunno e d'inverno, in mezzo a una nebbia pesante come farina; d'estate, sotto temporali improvvisi. Gli ombrelli erano vietati dalla dignità; le cerate, dalla tradizione. Sognavamo calze asciutte come i nostri figli, oggi, sognano i videogame; e portavamo nelle ossa promesse d'artrite. Non eravamo masochisti, e non ne facevamo motivo d'orgoglio; ci limitavamo a trascinare per la campagna lombarda le nostre scarpe fradicie, e a collezionare raffreddori. Un reparto scout in marcia si riconosceva da lontano: cantavamo e starnutivamo. Qualche virtuoso riusciva a fare le due cose insieme.

Ovviamente, ci preparavamo da mangiare. Ai meno dotati, come il sottoscritto, venivano assegnati i compiti più umili: raccolta della legna, ricerca dell'acqua, lavaggio dei piatti. In un celebre incidente, mentre attingevo acqua dalla fontana di una cascina, una saponetta è scivolata nella pentola, e la pastasciutta ne ha risentito. Da quel giorno sono stato allontanato dalla zona-cottura. Potevo avvicinarmi al fuoco solo la sera, insieme agli attori che recitavano e ai poeti che invitavano a guardar le stelle per sentirsi vivi. Non che ce ne fosse bisogno: nonostante le occasionali umiliazioni, ci sentivamo vivissimi.

Durante i campi il divertimento era moltiplicato per dieci o per quindici, quanti erano i giorni di soggiorno. In luoghi esotici come gli Spiazzi di Boario, costruivamo tende sugli alberi per difenderci da insidie inesistenti, e lo facevamo con una perizia che, ripensandoci, mi lascia sbalordito. Imparavamo l'autosufficienza, e la gioia di un bagaglio ben fatto: pochi di noi si erano mai preparati da soli la valigia, ma tutti sapevano confezionare uno zaino accettabile. Quell'oggetto diventava l'unica zona privata, perché tutto il resto – dalla tenda ai bagni – era in comune: finivamo per conoscerne ogni angolo, e amarne l'odore di umidità perenne.

Sopra ogni zaino, attraverso un complesso giro di cinghie, stava legato il sacco a pelo, che nel 1969 era fedele al proprio nome: conteneva tanto pelo, e somigliava molto a un sacco. Nessuno credeva ai tessuti caldi e leggeri, anche perché non c'erano: la qualità di un articolo si misurava in chili e centimetri. Il modello più popolare era color senape, a forma di mummia: una volta chiuso, sbucava soltanto il volto sbalordito dell'occupante. L'etichetta assicurava che quel tipo di *sleeping bag* era in dotazione alle forze armate americane. Francamente, ne dubito. Anche arrotolato, il sacco a pelo a mummia teneva infatti uno spazio spropositato. Se i marines americani l'avessero adottato, avrebbero occupato l'intera giungla del Sud-est asiatico, per il divertimento dei vietcong.

Un oggetto meno ingombrante, ma più insidioso, era il coltello. Lo portavamo alla cintura: in attesa dei peli sotto le ascelle, era il nostro certificato di uscita dall'infanzia. Alcuni coltelli erano piccoli e alloggiati in custodie di plastica; altri erano lunghi e larghi, e stavano in foderi di pelle; nessuno era inoffensivo. Ricordo che cercavamo disperatamente occasioni in cui potessero servire; non trovandole – le corde da tagliare e i paletti da affilare erano sempre troppo pochi – giocavamo, non visti, a lanciarli contro gli alberi. C'era chi da cinque passi sapeva infilzarli nel tronco, producendo un rumore pieno, breve e delizioso; e chi li faceva sbattere contro la corteccia e poi scivolare goffamente a terra, ottenendo un suono stonato e scomposto.

Le due categorie di lanciatori costituivano altrettante classi sociali. L'unico mezzo con cui i manovali del lancio potessero aspirare ad unirsi all'aristocrazia della lama era l'allenamento; questo faceva sì che un campo scout fosse attraversato da scintillii sinistri e rumori metallici, come neppure il porto di Marsiglia. Rispetto al lancio contro i tronchi, c'era solo un modo più incosciente di usare il coltello: appuntire un bastone tenendolo sulla gamba. Sulla mia coscia sinistra, una lunga cicatrice ricorda cosa capitava quando la lama scivolava. Non c'era un pronto soccorso tra le montagne dov'eravamo accampati, e la ferita non si poteva cucire; mi hanno perciò medicato alla meglio, offerto generica solidarietà e messo seduto sotto un pino. Ricordo che ero triste: non potevo lavorare, non potevo giocare, e pochi, dopo il terzo giorno, sembravano interessati ad ascoltare le mie sofferenze.

Un campo meno sanguinario, ma altrettanto memorabile, è stato il *jamboree* (raduno internazionale) di Kandersteg. Siamo arrivati in treno, e per tre giorni siamo andati su e giù per le montagne della Svizzera tedesca con una bussola in mano, mangiando male e dormendo nei pagliai, una cosa che avevo visto fare soltanto nei film. Alle nostre domande, i valligiani rispondevano a monosillabi, ma riuscivano comunque a mostrarsi ostili. Noi eravamo felici comunque, e spensierati. Per dimostrarlo, arrivati al campo base, abbiamo piantato le tende nel greto asciutto di un torrente. La sera è venuta la pioggia, e il torrente è ridiventato un torrente. Alle tre di notte è arrivato in soccorso un reparto di scout scozzesi. Per tre ore, ricordo, ho spalato fango in silenzio di fianco a un ragazzino biondo. Si chiamava Jim Murdoch. Oggi insegna diritto pubblico all'università di Glasgow, ed è uno dei capi dello scoutismo britannico. Siamo rimasti amici: quando ci vediamo, Jim chiede se in Italia piantiamo ancora le tende nei torrenti. Se è un'allegoria della moneta unica, gli rispondo, non mi piace.

* * *

Molta dell'ironia che circonda lo scoutismo deriva dall'abbigliamento: lo spettacolo di un adulto con i pantaloni corti e un cappello rotondo provoca incontenibile ilarità, soprattutto a chi ha gambe e cervello poco robusti. Noi non eravamo adulti, nel 1969; ma avevamo da poco conquistato i calzoni lunghi, e quel ritorno obbligato all'infanzia avrebbe dovuto provocarci chissà quali turbamenti. Di fatto, non accadeva. Abbandonare gli abiti civili e ritrovarsi a gambe nude non era una sofferenza. Riguardando le fotografie, capisco perché.

Gli adolescenti della fine degli anni Sessanta sono stati, dal punto di vita dell'abbigliamento, una generazione sfortunata. Chi aveva qualche anno più di noi era saltato sul treno del Sessantotto, che a sua volta aveva seguito quello dei Beatles e della cultura pop: stivali alti e minigonna per le ragazze, jeans e eskimo per i ragazzi; jeans attillati per tutti. A dodici anni, nulla di tutto ciò ci era permesso. Noi maschi, in particolare, eravamo in difficoltà: i genitori combattevano sulla nostra pelle una battaglia di retroguardia. Eravamo l'ultima trincea: se perdevano anche noi, prima o poi avrebbero dovuto adattarsi.

Un adolescente del '69 era perciò come la Fiat 850, regina di quegli anni: funzionava, ma l'aspetto estetico era al di là del bene e del male. Chi aveva fratelli maggiori ereditava vestiti che il proprietario, inebriato dai tempi nuovi e reso combattivo dall'atmosfera di contestazione, aveva scartato con sdegno. I primogeniti – era il mio caso – indossavano i simboli di un'epoca moribonda: girocollo di nylon, maglioncini blu infilati nei pantaloni, bretelle o cinture di vernice. Le scarpe, come i nostri corpi, erano in bilico tra l'infanzia e l'età adulta. Le calze erano troppo lunghe o troppo corte. La domenica e nelle feste comandate alcuni malcapitati dovevano subire l'onta di una giacca blu e di una camicia ricamata. Non c'è da stupirsi che la prospettiva di vestire una divisa, o di scomparire dentro un sacco a mummia, suscitasse un certo entusiasmo.

Si trattava, tuttavia, di un sentimento che non poteva durare a lungo. È stato proprio il fascino di altri vestiti – meno robusti e colorati, ma più vicini ai gusti delle ragazze – che ha risucchiato molti di noi, intorno ai quindici anni, fuori dallo scoutismo. Ricordo i primi esperimenti di uscite e campi misti, in cui guide (femmine) e scout (maschi) si ritrovavano insieme. Improvvisamente languidi, perdevamo poco a poco l'interesse per i giochi spartani, le lotte nella neve e le marce nel fango. Tutto quello che volevamo era lanciarci sguardi da una parte all'altra della stanza, e ritrovarci vicini nel cerchio intorno al fuoco. Non ci vergognavamo dei nostri distintivi e dei nostri fazzoletti al collo, ma capivamo che la vita ci proponeva cose nuove. Era una tensione presessuale, che non aveva altro obiettivo che quello di scoprire se stessa, stupendosi della propria forza. Rimanevamo giovani esploratori, in sostanza, ma le cose da esplorare diventavano altre. E non tutte si potevano fare in compagnia di venti amici con i pantaloni corti.

Medio

Agitati dalla gita
1970

Due mesi dopo aver piantato le tende nei torrenti svizzeri, ferito a una gamba come Garibaldi e vestito come il figlio di Fred Bongusto, ho varcato la soglia del liceo-ginnasio A. Racchetti di Crema, sede staccata di via Mazzini. «Varcare la soglia» è, in genere, un'espressione ridicola; ma, nel caso, era giustificata. Il ginnasio Racchetti era infatti alloggiato in un palazzo del Seicento, e salire in classe aveva qualcosa di cerimonioso: passavamo sotto un portone a volta, attraversavamo un grande cortile, salivamo uno scalone dominato da statue, percorrevamo un corridoio affrescato: l'aula della quarta B stava in fondo, sotto un soffitto di stucchi, in quella che aveva l'aria d'essere stata una camera da letto.

I primi tempi ero perplesso. Ero finito in una scuola dove si cominciava in quarta e si finiva in terza; dove avrei imparato lingue che non avrei parlato (latino, greco), sognando lingue che non avrei studiato (inglese). Mentre al liceo, irraggiungibile oltre i giardini pubblici, gli studenti più grandi cercavano qualcosa da contestare (è il destino della provincia: il '68, a Crema, è arrivato nel '70), al ginnasio giocavamo a calcio sulla terra battuta del cortile, esprimendo ben maggiore violenza. La professoressa di italiano, latino e greco si chiamava Milani e veniva da Milano (una cosa che mi appariva estremamente logica); laggiù la contestazione l'aveva conosciuta davvero, e sembrava felice di trovarsi tra ragazzi la cui infrazione più grande era ritardare di cinque minuti il rientro dall'intervallo (nel caso la partita fosse in parità).

Sopportati, vezzeggiati e fin troppo compresi, abbiamo trascorsi due anni di piacevole soggiorno. Il nostro obiettivo non era ottenere la promozione – mai in discussione – quanto condurre una buona vita sociale. L'arrivo a scuola, i cambi d'ora, l'intervallo e l'uscita erano momenti importanti, e intendevamo prepararli al meglio, attraverso accordi e appuntamenti. Fondamentale, perciò, era l'uso dei bigliettini che, nonostante il diminutivo, erano spesso racconti brevi. Il sistema di recapito era antico, semplice e geniale: bastava piegare il pezzo di carta, indicare il nome del destinatario, e in pochi secondi, passando di mano in mano sotto i banchi, il messaggio giungeva a destinazione. Poiché una ragazza bionda era sospettata di leggere le missive durante il tragitto, c'è chi ha pensato di sputarci dentro, piegare accuratamente e scrivere sopra: ATTENZIONE! NON APRIRE! La curiosa ha intercettato il biglietto, e lo ha aperto; ma è stata l'ultima volta.

Quando la circolazione postale all'interno della quarta B è diventata ripetitiva – fondamentalmente, non sapevamo più cosa scrivere – abbiamo pensato di aprire le comunicazioni con la quarta A. Ci dividevano cinquanta centimetri: lo spessore di muro in un palazzo del Seicento. Convocati i tecnici delle due parti, abbiamo stabilito dove bucare, e in capo a un mese — giorno dopo giorno, ora dopo ora, alternandoci nel banco strategico e lavorando con le mani dietro la schiena — abbiamo prodotto un capolavoro: un traforo interclasse, in grado di portare notizie, annunci e l'eventuale suggerimento durante i compiti in classe.

Non so se i professori sapessero di questa vocazione alla socialità e all'ingegneria mineraria. Credo di sì ma, come ho detto, erano gli anni in cui una moderata indisciplina veniva giudicata preferibile all'estremismo politico. Un'aria libertaria spirava anche nei programmi e nelle valutazioni. Ricordo, per esempio, che ero arrivato dalle medie convinto di essere un asso nel tema, che oltretutto aveva un nome simpaticamente uguale al primo disco 45 giri che avessi mai acquistato (*Tema*, I Giganti, 1966). Le composizioni dovevano avere tre caratteristiche: occupare più di un foglio protocollo (sapevo allungare la scrittura per guadagnare qualche riga); contenere periodi barocchi, ricchi di subordinate; e stupire con vocaboli improbabili. Per procurarmeli, aprivo il vocabolario a caso, e sceglievo le parole che non capivo. Mettiamo fossero «palese» e «semantico»: segnavo la definizione, e poi affrontavo il compito in classe deciso a utilizzarle comunque. Si trattasse di una riflessione sul Manzoni o di un componimento sulle vacanze, io ci infilavo «palese» e «semantico». Lo sforzo necessario a questi inserimenti provocava, talvolta, pensieri originali.

Il primo tema in classe del ginnasio è ritornato con un punto di domanda: la professoressa, probabilmente, intendeva chiedermi se ero diventato matto. Nel secondo e nel terzo tema sono comparsi dei numeri: sotto il sei, però. Contemporaneamente, veniva premiato con la lettura in classe – premio ambito: si pensava che la personalità dell'autore colpisse le ragazze, quando loro ci avevano già giudicato dalla pettinatura – il componimento di un mio compagno che, per svolgere il solito tema sulla libertà, aveva scritto soltanto: «Il cielo dalla finestra è bello. Ma non è libero. È circondato, come in una fotografia». Il trauma, devo dire, è stato notevole. Da quel giorno i miei temi d'italiano dovevano avere tre caratteristiche: essere brevi, e comunque restare all'interno di un foglio protocollo (sapevo stringere la scrittura per risparmiare qualche riga); contenere frasi corte; e utilizzare vocaboli di uso comune. Anche oggi, quando scrivo, seguo le stesse regole.

* * *

Tra un compito in classe e un altro, contava soprattutto la vita sentimentale. Era finito il tempo delle scuole medie, quando l'obiettivo era un ballo lento, classificato secondo la lunghezza (*L'Eternità* dei Camaleonti, nonostante il nome promettente, era di gran lunga troppo corto: solo tre minuti e venti secondi). Al ginnasio avevamo desideri più corposi: il problema è che non sapevamo esattamente quali fossero. L'obiettivo non era tanto un bottone o una cerniera, ma la sensazione di reciproco possesso – esclusivo, se possibile. Non a caso, ogni strategia amorosa doveva condurre a pronunciare la frase magica, una delle più sciocche che mente umana possa concepire: «Vuoi diventare la mia ragazza?». Non era una dichiarazione d'amore: se Romeo l'avesse pronunciata, Giulietta sarebbe cascata oltre il balcone dal ridere. Era la chiusura di un contratto, la fine dell'apprensione: se una ragazza diventava la tua ragazza, per qualche giorno potevi pensare ad altro.

Tutto questo aveva anche un lato sessuale, com'è inevitabile in una età – dai tredici ai quindici anni – in cui gli ormoni guizzano come pesci persici. La lettura del dizionario Palazzi, unita a una vasta consultazione dell'enciclopedia Pomba, costituiva una buona base di partenza. I sottintesi di Donna Letizia, sbirciati sul settimanale *Grazia*, aiutavano. L'interpretazione delle battute dei compagni di classe, spesso, conduceva a scoperte straordinarie e la parola «petting» – suono anatomico, giovani toraci che si scontravano – prometteva straordinarie delizie.

Perfino i genitori tentavano di collaborare. Molti di noi, negli anni del ginnasio, si sono visti consegnare *Il diario di Daniele* (per le ragazze: *Il diario di Annamaria*), un libro in cui si affrontavano, con buon senso ma all'interno dell'ortodossia cattolica, temi come i rapporti prematrimoniali e la masturbazione. Le mamme, presentando il volume, sorridevano imbarazzate. Noi no: ringraziavamo e correvamo in camera, a leggere le pagine dove sapevamo che Daniele combinava qualcosa.

Anche da questo punto di vista, siamo stati una generazione equilibrata. Sebbene il film proibito dell'epoca consistesse nella ripresa di un parto (*Helga*), e la poesia della luna fosse stata appena violata da un'astronave, siamo cresciuti ragionevolmente sani. E forti: ogni rapporto sentimentale, intorno al 1970, comportava infatti un percorso di almeno duecento chilome-

tri. Durante il corteggiamento, le coppie camminavano. Per arrivare alla dichiarazione, le coppie camminavano. Per conoscersi meglio, le coppie camminavano. Per cercare un posto dove ba-
ciarsi, le coppie camminavano. Per trovare il coraggio di lasciarsi, le coppie continuavano a
camminare. Se, allo sforzo della marcia, aggiungiamo la foga della conversazione e le apnee dei
baci, è facile rendersi conto che stava nascendo
una generazione speciale. Non di grandi amanti, magari. Ma di atleti, certamente.

* * *

Resta una questione aperta: come le ragazze potessero interessarsi a noi. Lasciamo perdere
l'abbigliamento: anche le fanciulle, in fondo, indossavano mantelli che le facevano sembrare le
figlie illegittime di Belfagor e Cappuccetto Rosso (noi eravamo invece un incrocio tra Zorro e
Giovanni Pascoli). Dimentichiamo le abitudini
alimentari: le nostre compagne, come noi, correvano a comprare le merendine dal bidello. Chiu-
diamo un occhio sulle cinghie grottesche con cui
maschi e femmine tenevano insieme piramidi di
libri (uno zaino sarebbe stato più comodo: ma
avremmo preferito presentarci a scuola in mutande, piuttosto che accettare certi compromes-
si). Noi maschi avevamo però un paio di fissazioni in più, e le infliggevamo alle nostre amiche: musica e motorini. Tanta musica. Tutti i
motorini.

Non so cosa ascoltassimo; i tredici-quattor-
dici anni erano un'età di passaggio tra la musica delle festine — un mero strumento di seduzione — e la scoperta del pop-rock, in occasione del-

l'imminente soggiorno-studio in Inghilterra. Ricordo, invece, come l'ascoltavamo.

Lo strumento di riproduzione più diffuso era un registratore Philips delle dimensioni di una mattonella: spingendo avanti il tasto, un colpo secco annunciava che la testina magnetica si era infilata nella cassetta; quando veniva spinto a destra e a sinistra, lo stesso tasto si esibiva in uno *swing*, e avvolgeva il nastro. La regolazione del volume stava sulla sinistra; il suono usciva dall'alto, attraverso una griglia argentata; e le cassette venivano registrate incessantemente, svitate, incollate col nastro adesivo, e quindi riprodotte davanti alle nostre amiche, che dovevano fingersi interessate.

Anche la seconda fissazione faceva rumore: il motorino. La nostra generazione non sognava la Vespa, come quella che ci aveva preceduto e quella che ci avrebbe seguito. Difficilmente accettava di condurre bidet ambulanti come la Motorella e il Minibike. Noi volevamo la moto da cross e, prima o poi, la ottenevamo. Fin qui, niente di male. Purtroppo, pretendevamo di modificarla, manometterla e modernizzarla: allargavamo la corona, riducevamo il pignone, cambiavamo la sella, svuotavamo la marmitta che poi, per evitare rappresaglie da parte di genitori e vigili, dovevamo richiudere con un cilindro lurido d'olio chiamato «chiusino». Compiuto il misfatto, ci esibivamo in una parodia di motocross tra i campi, saltando qua e là come grilli impazziti. Nessuna coppia poteva più distendersi in pace nella campagna cremasca: troppo alto il rischio di trovarsi una ruota nello stomaco.

I nostri mezzi meccanici aprivano squarci interessanti sulla nostra psiche (talvolta, nella nostra carne: un compagno di classe – abile a moltiplicare il numero dei denti del pignone per i giri del motore, e ricavare cifre esoteriche – è atterrato su un ceppo d'albero, e ci ha rimesso un gluteo). Il primo oggetto dei desideri, per molti di noi, è stato il Malaguti Cavalcone, un nome che allora ci sembrava normale. Poi il Testi, piccolo e tozzo. Quindi il Beta, il cui progettista doveva essersi ispirato a uno spermatozoo; l'irraggiungibile Zundapp (costava molto, e aveva un telaio gigantesco); e l'insidioso Mondial, con uno sbalzo di quindici centimetri tra sella e serbatoio, che rendeva necessaria l'applicazione di una speciale, umiliante protezione. C'era, infine, l'Aspes, che subiva frequenti mutazioni: prima aveva parafanghi di plexiglass alti e lunghi, che si rompevano subito; poi parafanghi di plexiglass corti e bassi, che si spaccavano in fretta. Il motorino con il nome più ridicolo era però il Caballero. Un amico lo aveva comprato e, sorprendendo tutti, aveva trovato la ragazza. Ricordo di aver meditato a lungo sull'episodio: non mi ha rivelato niente sui motorini, ma mi ha insegnato qualcosa sulle ragazze.

* * *

La questione femminile, non c'è dubbio, ci impegnava a fondo. Per buona parte dell'anno scolastico elaboravamo teorie e strategie che, nelle nostre (cattive) intenzioni, avrebbero dovuto trovare applicazione nella madre di tutte le battaglie amorose: la gita scolastica.

Per settimane, prima della partenza, cercavamo di ottenere le informazioni-chiave: quante notti, e quali professori. Il primo dato era fondamentale, perché i nostri tropici – il luogo dell'avventura e del desiderio – erano i corridoi d'albergo. Lì avremmo potuto attendere ansiosi, scivolare silenziosi, compiere furtive visite notturne a coetanee in camicia da notte, che si risolvevano nell'eccitante condivisione di una coca-cola (tiepida: non c'era il frigobar). L'identità dei professori era invece importante perché alcuni avevano fama di essere intransigenti; altri, indifferenti; alcuni, complici. I migliori, naturalmente, erano i primi: gli indifferenti eliminavano il rischio e toglievano la suspence; i complici proponevano di ballare tutti insieme in discoteca, e ci confondevano le idee.

Del tutto irrilevante, invece, la destinazione. Negli anni delle prime minigonne – ce n'erano anche negli anni Sessanta, ma non ce ne eravamo accorti – chiese, fontane e mosaici rivestivano un interesse marginale. Le grandi città d'arte venivano scarsamente apprezzate. Località minori come San Marino o il castello di Gradara erano troppo affollate: l'arrivo contemporaneo di tre gite scolastiche bastava a trasformarle in ghetti adolescenziali, dove ogni intimità si rivelava impossibile. Le destinazioni più apprezzate erano le città di medie dimensioni, dove la preda non potesse scomparire, ma dove fosse possibile scomparire con la preda, senza dover chiedere a un vigile la strada per tornare in albergo.

Urbino, Siena e Assisi, per esempio, erano ideali. Il viaggio per arrivarci, oltretutto, non era troppo breve, e consentiva margini di recupero nel caso il posto assegnato sul pullman non fosse di piena soddisfazione. Viaggiare vicini – lui a lei, lei a lui; altre combinazioni, ai tempi, non erano previste – non era infatti solo un piacere personale, ma un evento sociale. Dividere lo stesso sedile, agli occhi del gruppo, equivaleva a un annuncio ufficioso di accoppiamento; ma anche viaggiare arrampicati sullo schienale dell'amata era un segnale inequivocabile. Ai nostri occhi, nulla di quanto accadeva sul pullman della gita era casuale; ogni movimento e ogni episodio avevano una spiegazione. I viaggi erano seminari di studio reciproco: ne uscivamo informatissimi, ma stravolti.

La convivenza con i coetanei era, per quasi tutti, una novità. Anche chi aveva trascorso molte notti in una tenda scout, doveva ammettere che la gita scolastica era un'altra cosa. Tra gli scout, erano sconosciute le camicie da notte. In gita, nessuno dormiva nei sacchi a pelo. Negli scout un filo di fumo segnalava un fuoco; in gita indicava una sigaretta consumata furtivamente, cercando poi di eliminarne le tracce. Il fumo era una trasgressione minima, ma un indizio importante: se una ragazza normalmente irreprensibile si concedeva una sigaretta, la notizia creava scompiglio nella comitiva, dove in molti speravano che a quel piccolo peccato ne seguissero altri più consistenti.

Non accadeva; o, se accadeva, non lo sapevamo. La trasformazione delle compagne di classe in piccole donne, tuttavia, era uno spettacolo che ci affascinava e ci preoccupava insieme. Era chiaro, infatti, che molte di loro procedevano verso l'età adulta a una velocità che ci era preclusa. Mandar baci dal finestrino posteriore del pullman, e attirare gradassi ventenni che venivano ad accamparsi sotto l'albergo; abbondare in rimmel, e non preoccuparsi delle conseguenze delle occhiate; salire le scale ripide di una rocca, tenendo chiusa la gonna: le nostre amiche stavano diventando grandi, e non bastava una fotografia abbracciati sugli spalti del castello di Gradara per esser certi che ci avrebbero consentito di diventar grandi con loro.

Piccoli viaggi con grandi
1971

«Durante il viaggio, la nostra famiglia era diventata un covo di affettuoso disprezzo. Mio fratello ed io, che consultavamo le carte geografiche, sapevamo di essere di gran lunga più furbi di papà, mentre papà aveva la certezza di essere più in gamba della mamma, e la mamma sapeva benissimo che avrebbe potuto darla a intendere, quanto a intelligenza, all'intera brigata in qualsiasi momento.»

Così scriveva trent'anni fa Ray Bradbury, uno scrittore americano che le antologie definiscono «autore di fantascienza». La cosa, pensandoci bene, non è tanto strana: molti viaggi in famiglia possiedono, effettivamente, tratti surreali. La cosa mi è apparsa chiara fin dall'adolescenza, quando i genitori hanno deciso che era giunto il momento di condurci a vedere il mondo, e raccontarcelo.

«Mondo» è probabilmente un vocabolo eccessivo. Diciamo che, intorno al 1971, il raggio dei nostri viaggi ha cominciato ad allungarsi inesorabilmente. La Versilia – che era stata il palcoscenico delle vacanze di famiglia, con puntate a Jesolo e Milano Marittima (un nome che trovavo esilarante) – veniva abbandonata in favore di luoghi esotici come l'isola d'Elba. Alle lunghe permanenze estive sulle Prealpi bergamasche, si aggiungevano brevi soggiorni invernali sulle Dolomiti. In qualche caso visitavamo città, camminando in fila indiana con un libro in mano, e la mamma diceva l'età dei muri.

In questi casi, le vacanze non erano villeggiature, ma viaggi: brevi escursioni che, in un'epoca in cui *week-end* era una parola straniera, ci lasciavano perplessi, e richiedevano spiegazioni. I genitori provavano a darcene, con ammirevole costanza. Ci preparavano, ci istruivano, ci ammonivano, elencavano i motivi d'interesse, dimenticando che i loro interessi erano diversi dai nostri interessi. La mamma ritagliava dalle riviste articoli sui luoghi che avremmo visitato, e li teneva in cartelline ordinate, che di solito dimenticava a casa. Papà, come un prestigiatore, estraeva dalle tasche dell'automobile atlanti stradali e guide plastificate del Touring Club. Il suo sogno era che qualcuno le leggesse ad alta voce; non lo abbiamo mai accontentato, lasciando intendere che quella pratica ci avrebbe privato della gioia indisciplinata dell'infanzia.

Ma l'infanzia era finita, e quello era un segnale. Non erano cambiati solo i luoghi, ma la durata, i periodi e i modi dei viaggi. Oltre al fine settimana, c'erano vacanze che duravano periodi bizzarri come quattro e dieci giorni, e prevedevano una partenza al venerdì e un ritorno al lunedì. C'erano viaggi-lampo per matrimoni, dove il problema era l'abbigliamento; e raduni del Lions Club in grandi ville della pianura, dove gli organizzatori ci costringevano a correre dentro un sacco, e si aspettavano che gridassimo di gioia. Spesso si viaggiava in primavera, smontando così il mito unico dell'estate, con le partenze antelucane e i carichi eccessivi. La novità era piacevole perché comportava un'assenza da scuola, ma ci confondeva le idee: se in primavera si poteva viaggiare, prima o poi ci avrebbero chiesto di studiare d'estate.

Avevamo addirittura cambiato automobile: la Lancia Appia era stata collocata a riposo, e sostituita da una Lancia Flavia. Le due macchine avevano in comune soltanto la marca e il colore: un grigio topo pre-metallizzato, che oggi si vede solo nella periferia delle città del Magreb. Per il resto, erano diverse come il giorno e la notte. L'Appia, per cominciare, aveva un bel nome: solo le grandi strade e le buone macchine potevano fregiarsene. Flavia era un nome troppo umano: una professoressa poteva chiamarsi così. L'Appia era sinuosa e allegramente rumorosa; la Flavia sembrava un frigorifero orizzontale, e ne riproduceva il ronzio sinistro. I divani dell'Appia erano di panno, ricoperti da un telo affinché non si rovinassero (infatti, in quarant'anni, non si sono rovinati). I sedili della Flavia erano di similpelle color carpaccio, e d'estate si incollavano alle gambe nude. All'arrivo papà poteva sapere, senza voltarsi, quanti figli erano scesi dalla macchina: bastava contare i rumori laceranti prodotti dalle cosce sudate che si scollavano. Mosso a pietà, un giorno è comparso con una serie di coprisedili di paglia: ma gli elastici che dovevano fissarli si sganciavano senza preavviso, schizzando qua e là. Dal nostro punto di vista, perciò, si trattava di un semplice cambio di tortu-

PICCOLI VIAGGI CON GRANDI

ra (dallo scorticamento alla fustigazione), ma non avevamo cuore di dirlo.

I bagagli con cui viaggiavamo erano immutabili: tre valigie, una borsa, una borsa termica e un beauty-case, che apparteneva alla mamma, la quale sapeva aprirlo tramite un congegno a scatto, e addirittura pronunciarne il nome. Due valigie erano in tessuto a fiori, che avrei poi rivisto sulle pareti dei pub inglesi: esaminando le protuberanze, si poteva indovinare il contenuto. La terza valigia era, ufficialmente, di pelle: quand'era nuova avrebbe potuto apparire nel bagaglio di un lord inglese; dopo anni di viaggi e trasbordi, sembrava quella di Totò emigrante. Il tutto scompariva con facilità nel cavernoso bagagliaio della Flavia, con disappunto di papà, che rimpiangeva i giorni angusti dell'Appia, quando il caricamento era un rito, e un'operazione scientifica.

Dentro l'abitacolo finiva invece la borsetta dei medicinali per quando non ci sentivamo bene, il che accadeva piuttosto spesso. Non erano vere malattie: piuttosto, languori da viaggio. C'erano inappetenze e nausee, piccoli traumi e stomatiti, febbriciattole e indigestioni. Mai emicranie, un malessere ritenuto appannaggio degli adulti; soffrirne veniva considerato, a quattordici anni, una caduta di stile; e, infatti, non ne soffrivamo. Sonno e digiuno erano giudicati medicine universali. Se ci lamentavamo, venivamo trattati come soldati che, alla vigilia di un attacco, avessero denunciato una nevralgia. Ci caricavano, e partivamo verso il fronte.

Papà e mamma mostravano un certo fatalismo. Non solo non prendevano sul serio i nostri malesseri – credo si concedessero una pausa

tra le passate preoccupazioni per i figli piccoli
e le future ansie per i figli grandi – ma ci consentivano una dose prestabilita d'incoscienza.
Ci permettevano, dopo alcune ore di viaggio, di
uscire dal ghetto del divano posteriore, e di
passare davanti; di allungarci come pitoni e at-
torcigliarci come contorsionisti. Non ricordo
cinture di sicurezza; ma, se c'erano, le ignora-
vamo. A bordo, l'oggetto più simile a un airbag
era il canotto, ma, quando c'era, stava sul tetto. Durante la marcia avevamo spesso la testa
fuori dal finestrino, come i cani dei fumetti;
oppure il naso dentro il cassettino, dove papà
teneva una variopinta mercanzia, che prima o
poi si sarebbe rivelata indispensabile, ma non
lo era mai: torcia elettrica, coltellino, bicchieri
di carta, salviettine rinfrescanti, una busta di
plastica con tre banconote da mille lire. Se lo
spazio lo consentiva, ma anche se non lo consentiva, ci esercitavamo con un aggeggio male-
fico che permetteva di far rimbalzare due palline tra loro, e sui nostri giovani polsi.

Quando spingevamo troppo in là la nostra
anarchia, venivamo ripresi, con quella combinazione di indignazione e cautela che gli adulti riservano ai teen-ager. I viaggi coi figli adolescenti sono, infatti, le prove generali di un
addio. È chiaro che, di lì a poco, i ragazzi se ne
andranno per conto proprio, ed è altrettanto
evidente che i genitori proveranno a trattener-
li. Questo disagio, anche allora, viaggiava con
le famiglie (soprattutto quelle senza autoradio,
come noi). I tentativi di ignorarlo erano comprensibili, ma commoventi. Quando papà, per
ingannare la noia del viaggio, proponeva di indovinare le sigle delle province sulle targhe,

sbuffavo; sapevo ormai distinguere Vercelli da Vicenza, e Terni da Trento: l'universo della motorizzazione civile non aveva più misteri per me. Papà allora si rivolgeva a mia sorella, e le proponeva di contare i camion: lei, che a tredici anni aveva altro per la testa, si innervosiva. Mio fratello di otto anni, invece, si divertiva molto, e contava camion da Milano a Genova. In questo caso, si innervosiva la mamma. Per riportare serenità in famiglia avrei dovuto completare la citazione di Ray Bradbury, evocato all'inizio:

> «...E questo significa che eravamo quasi perfetti. Voglio dire che qualsiasi famiglia in cui un membro abbia per l'altro una giusta quantità di mancanza di rispetto, può stare insieme.»

Ma a quattordici anni non si cita. Si tace, e si aspetta.

***

Quando parlavamo, lo facevamo in modo singolare. Una materia in cui il Sessantotto aveva provocato cambiamenti profondi era, infatti, il linguaggio. Anche in una famiglia come la nostra – dove «contestazione» era parlare con la bocca piena – si erano intrufolate parole nuove, che andavano ad accomodarsi di fianco alle parole vecchie, e non sempre andavano d'accordo.

C'era un lessico verticale e un lessico orizzontale: il primo veniva utilizzato in casa, e lasciava perplessi gli amici; il secondo veniva parlato tra amici, e non piaceva – oppure risultava incomprensibile – in casa. Come un buon interprete, passavo da una lingua all'altra. In quei piccoli viaggi con grandi avrei evitato, per esempio, le parole «imbragato» (innamorato) e «limonare» (baciare appassionatamente, dando prova di agilità linguistica) e la frase «chi se ne frega» («menefreghismo», invece, era ammesso). Se mi fosse sfuggita una di quelle espressioni, papà mi avrebbe guardato perplesso dallo specchio retrovisore, e la mamma avrebbe ricordato i tempi felici in cui i figli si potevano redimere con una sberla.

In famiglia andavano di moda altre parole, come «debosciato» e «sbracato». I vocaboli erano simili – entrambi implicavano una certa sciatteria, tanto cara agli adolescenti – ma non uguali. Il primo aggettivo indicava una rilassatezza morale; il secondo una carenza estetica. Debosciato era chi appariva a cena in vestaglia, senza essere malato; sbracato chi, pur essendo malato, si presentava con la vestaglia aperta. I due difetti si potevano cumulare: chi, senza essere malato, si presentava a tavola con la vestaglia aperta, era insieme debosciato e sbracato.

Queste sfumature semantiche possono sembrare vezzi borghesi: invece erano borghesi, ma non erano vezzi. Costituivano un segno dei tempi, e il modo con cui papà e mamma intendevano difenderci da contestatori e profeti barbuti. Che questo si potesse ottenere coi francesismi, è da vedere.

Durante quei viaggi una borsetta era un *nécessaire*, e la pubblicità lungo le strade si chiamava *réclame*. Tutti gli opuscoli erano *dé-*

pliants, e qualsiasi sfumatura diventava una *nuance*. Ogni scollatura era un *decolleté*, un abito poteva essere *double-face* e il cappotto si chiamava, sempre e comunque, *paletot*. Perfino aggettivi come *flatté* (lusingato) e *dégagé* (disinvolto) erano di uso comune, sui divani in similpelle della Lancia Flavia. Li capivo, ma una certa saggezza adolescenziale mi suggeriva di non utilizzarli fuori casa. Non usavo neppure l'aggettivo inglese *groggy* (suonato come un pugile), uno dei preferiti di papà. Eppure era così che mi sentivo all'arrivo, dopo ore di viaggio e di pensieri.

***

L'adolescenza è l'età in cui i figli osservano, non senza commozione, i padri che si divertono. C'è chi ronza intorno a fanciulle poco più grandi del primogenito; chi si veste come Little Tony; chi acquista una decappottabile. Papà, saggiamente, preferiva i canotti. Forse dipendeva dagli anni di guerra, quando il futuro notaio era imbarcato come ufficiale di marina. Oppure papà riteneva che l'attività nautica potesse distrarre il figlio quattordicenne dai turbamenti dell'età che, nei villaggi turistici, prendevano la forma di piccole olandesi con il primo due pezzi. Una cosa è certa: pensando alle vacanze dell'adolescenza, mi prende una strana eccitazione, unita a un principio di mal di mare.

Il protagonista delle nostre escursioni era un gommone chiamato Danubio, una via di mezzo tra un canotto-giocattolo e un vero gommone. Del primo, il Danubio aveva il colore —

arancione – l'assenza di parti in legno e la forma: un mastodontico ovale, che ricordava una sogliola obesa. Del secondo, possedeva le dimensioni – poteva ospitare l'intera famiglia, ammesso che questa fosse disposta a salire a bordo – e alcuni particolari, come le borse portaoggetti e un frangiflutti. Anche il motore era un ibrido: si trattava infatti di un motore elettrico. Non era una questione di sensibilità ecologica: era invece la combinazione tra l'ardimento dell'ex sottotenente di vascello e la prudenza dell'uomo di legge. Ma allora non lo capivo, né m'importava di capirlo. La novità mi sembrava un prodigio della tecnica, e l'inizio dell'avventura.

Non so chi, tra i lettori, abbia mai avuto a che fare con un fuoribordo elettrico: ma vi assicuro che l'esperienza è indimenticabile. Innanzitutto, il motore era fissato allo scafo tramite una piastra di metallo, avvitata a due anelli di plastica: il peso del tutto, se il gommone non era perfettamente gonfio, piegava penosamente all'indietro la poppa del Danubio, che finiva per somigliare al canotto di Paperino. Per funzionare, il motore elettrico aveva bisogno di una batteria d'auto, che andava ricaricata ogni notte. Cosicché la sera, mentre gli equipaggi sbarcavano reggendo virilmente pesanti fuoribordo, noi scendevamo furtivi, portando una batteria, come ladri d'auto.

Per volontà paterna, solo i due maschi adulti della famiglia potevano manovrarlo: questo intendeva essere un privilegio, ma si tramutava in un imbarazzo. Il motore elettrico aveva, infatti, una potenza irrisoria: riusciva a spingere il gommone solo in assenza di vento e di corrente contraria, sempre che non ci fosse troppa gente a bordo. I comandi erano alloggiati in una scatolina argentata – i fuoribordo elettrici sono microcefali – e la scelta era tra quattro posizioni: folle, indietro, avanti e avanti tutta (l'ironia di quest'ultimo termine non mi sfuggiva, ma non volevo offendere il comandante). Ricordo che avevamo trovato una serie di accorgimenti per capire se ci stavamo muovendo, oppure eravamo fermi. Papà, memore della vita marinara, prendeva punti di riferimento all'orizzonte; io preferivo sporgermi a poppa e osservare l'acqua. Un leggero fremito in superficie indicava che qualcosa, sotto, stava accadendo.

Con il Danubio andavamo a pescare. La contraddizione tra il nome fluviale e l'utilizzo in mare avrebbe dovuto mettermi in guardia, ma gli adolescenti, quando l'umore li soccorre, sono generosi. I luoghi delle nostre uscite erano Cavoli, all'isola d'Elba; San Vincenzo, vicino Livorno; e Bonassola, sulla riviera di Levante. Pescavamo col bolentino, una lunga lenza calata dall'imbarcazione. Questa tecnica di pesca richiedeva lunghe soste al largo, a una distanza da cui gli ombrelloni diventavano punti colorati. Ricordo, in particolare, Bonassola. Non so come, ma catturavamo pesci che i locali deridevano, una volta rientrati sulla spiaggia; l'àncora aveva la tendenza a incagliarsi nelle rocce del fondo; e il beccheggio mi provocava attacchi di mal di mare.

Quelle uscite hanno segnato la fine della mia carriera di pescatore di superficie, e l'inizio della mia attività di pesca subacquea. È stata una scelta meditata: in quel modo avrei

scelto i pesci, evitato il beccheggio, disincaglia-
to l'àncora e osservato il motore elettrico da
una prospettiva nuova. Anche quello, tuttavia,
era un commiato. Ci sono adolescenti che scel-
gono di andar fuori di casa, altri che si chiudo-
no in se stessi. Io mi buttavo dalla barca e spa-
rivo sott'acqua, dove nessuno mi domandava:
«Oggi come va?».

***

Il mio primo viaggio all'estero risale all'età di
undici anni: a bordo di una nave, fino in Marocco. Non era un caso che la prima uscita dai
confini nazionali avvenisse sull'acqua. Papà,
come ho detto, era stato ufficiale di marina, e
la nostra vita familiare era una lunga serie di
metafore navali (vira a babordo, indietro tutta,
cosa c'è in cambusa, tutti in coperta; solo alla
pretesa di chiamarci «mozzi» ci siamo ribella-
ti). E la crociera, in quegli anni, era una passione della borghesia italiana. Passione com-
prensibile: andare per mare costituiva la giu-
sta miscela di avventura, regole e comodità, e
c'era tutto il tempo per scrivere le cartoline.

Alcuni aspetti di quei viaggi non potevano
non sorprendere un adolescente. Penso alla piscina di bordo – acqua che si muoveva sull'acqua – e ai giochi sul ponte: solidi professionisti
lombardi spingevano dischi di legno sul pavi-
mento lucido, o sparavano ai piattelli, mettendo in pericolo l'incolumità dei gabbiani. Rivedo
mia sorella, che soffriva il mal di mare appena
fuori dal porto. Penso alla mamma che si metteva elegante per cena: quando passavamo tra
i tavoli, osservavo le teste che si giravano. Non

l'avevo mai notato prima, ed ero orgoglioso. Finché lei non mi presentava chiamandomi con un soprannome da neonato, e potevo tornare al salutare risentimento.

Papà partecipava poco alla vita di bordo. Gli piaceva stare sul ponte, e osservare il mondo col binocolo. Non era il solo: in quegli anni, il binocolo non era stato ancora soppiantato dalle cineprese (il viaggiatore, in altre parole, non si preoccupava di portare a casa le prove d'aver viaggiato: amici e conoscenti gli credevano sulla parola). Non c'era nulla che, per i nostri padri, non valesse la pena d'essere osservato: delfini e isole, scogliere e stelle, giovani signore e tramonti. All'arrivo, centinaia di occhi di vetro scrutavano gli ambulanti marocchini, schierati in attesa lungo le banchine del porto di Casablanca. Loro c'erano abituati; io no.

Una volta a terra, invece, non mi lasciavo sorprendere facilmente. Non avendo termini di paragone, il Marocco mi appariva insolito, ma non sconvolgente. I rituali turistici — i passaporti, le lungaggini del cambio della valuta — mi sembravano accettabili. I crocieristi che correvano trafelati a prenotare le escursioni mi divertivano. Non mi stupivano né i serpenti dall'aria rassegnata, né le trattative per acquistare un frustino in pelle, quand'era chiaro che in provincia di Cremona non c'erano cammelli da spronare.

Mi colpivano altre cose. Gli odori e i colori. La professionalità delle «famiglie tipiche» che ci conducevano a visitare. I trasferimenti sopra corriere dall'aspetto insalubre. E la docilità del gruppo nei confronti degli accompagnatori. A Tangeri, per esempio, la guida locale aveva promesso di mostrarci il punto esatto dove Mediterraneo e Atlantico s'incontravano. Le mie conoscenze geografiche erano approssimative, ma la mia vista era ottima: per un'ora – piccola vedetta lombarda sulle colonne d'Ercole – sono rimasto a cercare una linea di spuma all'orizzonte. Nulla da fare: il mare sembrava mare.

In crociera ho anche scattato fotografie, le prime della mia vita. Non esistevano, allora, le macchine usa-e-getta; la regola era usa-e-conserva-gelosamente. L'apparecchio si chiamava Comet, ed era alloggiato in una custodia di plastica marrone. Era una macchinetta dall'aspetto mansueto, che richiedeva soltanto di impostare la distanza. Ricordo la posizione «1,5 metri», che mi appariva difficile da calcolare, e la posizione «infinito» (un 8 sdraiato), che trovavo filosoficamente inaccettabile, ma comoda. Tutto, oltre i dieci metri, entrava in quella categoria. Cammelli e cavalli, ambulanti e automobili, marinai e donne velate diventavano comparse sfocate nel mio personale infinito. Tra tutte, la fotografia migliore è quella della mamma che sbuca da una porta, in una strada in discesa: ha una fascia tra i capelli, e sembra assorta. Forse era apparsa all'improvviso, sorprendendomi, e non avevo fatto in tempo a scattare la solita fotografia sbagliata.

**

La cosa più bella di ogni viaggio era il ritorno, che avveniva sempre di sera, e regolarmente più tardi di quanto avessimo previsto. Papà aveva una teoria, secondo cui le nostre partenze avvenivano sempre con mezz'ora di ritardo (non venti minuti, non quaranta: mezz'ora). Questo tempo perduto – di cui l'unico responsabile era lui: non era necessario spolverare la macchina col piumino prima di mettere in moto – ci inseguiva come una bolla cosmica, e faceva sì che ci presentassimo in ritardo a colazioni, pranzi, cene, traghetti e caselli. E, naturalmente, a casa.

Quando, finalmente, giungevamo davanti al portone, il cerimoniale prevedeva che la mamma scendesse ad aprirlo, in modo che papà potesse fare il suo ingresso trionfale. Noi costituivamo il seguito, poco regale e decisamente assonnato. Scendevamo lentamente, per evitare di venir scorticati dalla similpelle dei sedili. Subito ci venivano affidati i bagagli più piccoli: beauty-case, borsa termica, anonimi sacchetti di plastica dove la mamma aveva occultato i souvenir, per sottrarli alla disapprovazione di papà.

Salivamo le scale con l'entusiasmo di condannati al patibolo, e subito una voce dal basso ci invitava a ridiscendere; altri pacchetti, borse e sacchetti ci aspettavano. Non potevamo esimerci: se i nostri malesseri erano poco considerati in viaggio, venivano del tutto ignorati al ritorno. Le regole familiari – non scritte, ma rigorose – prevedevano infatti che lo scaricamento dell'auto avvenisse immediatamente dopo l'arrivo. Ogni tentativo di rimandare l'operazione – sfruttando magari la luce del giorno, che avrebbe forse rivelato qualche oggetto dimenticato negli anfratti del bagagliaio – veniva guardato con severità. Non c'era dubbio che un atteggiamento del genere rientrasse nella categoria dello sbracamento o, peggio, della *débauche*.

Consapevoli di ciò, con la grande saggezza dei più piccoli, obbedivamo, e ci rimettevamo all'opera. Alla fine ci trascinavamo in cucina, dove la fòrmica del tavolo sembrava, tornando, ancora più verde. Lì consumavamo una cena che non era una cena, piluccando nel frigorifero, cercando di evitare gli avanzi del viaggio, che papà e mamma insistevano nel proporci. Oppure scaldavamo un po' di latte, e ci inzuppavamo pezzi di torta. Parlavamo poco perché eravamo stanchi, ma sentivamo di essere una famiglia che tornava a casa. Sapevamo anche, ogni volta, che era una delle ultime volte.

Aringhe bionde sulla Manica
1972

Sono tornato di recente a Eastbourne, una località inglese sulla Manica, dove ho trascorso un mese nell'estate del 1972. Mi sono accorto di ricordare tutto: le strade e le case, la scuola dove fingevamo di studiare e i *clubs* cavernosi in cui corteggiavamo minuscole scandinave, che non fuggivano davanti alle nostre sahariane sciancrate di fustagno. Ora capite perché molti di noi hanno quei luoghi nel cuore: chi si presenta con una sahariana sciancrata a una ragazza, senza metterla in fuga, non dimentica.

Non erano posti belli. La poesia di una località come Eastbourne — case bianche contro il mare scuro, alberghi alti come torte nuziali, pioggia abbondante, spiagge fredde — sfuggiva a un adolescente italiano. Intuivamo soltanto che i villeggianti inglesi, per gustare il piacere della vacanza, dovevano associarvi un po' di sofferenza. Li incontravamo al «chiosco meteorologico» sul lungomare, impegnati a consultare una dozzina di tabelle (precipitazioni, pressione, vento, umidità), ansiosi di quantificare il proprio disagio. Quello che li eccitava era la turbolenza: un mare come il Mediterraneo — piatto e azzurro — li avrebbe annoiati. I turisti erano persone di una certa età, il che faceva della cittadina un posto bizzarro: la popolazione era composta di anziani (inglesi) e di ragazzi (stranieri). Un quarantenne, a Eastbourne, sarebbe stato preso per un alieno, e fotografato per una rivista scientifica.

Le truppe d'assalto italiane, tuttavia, erano poco interessate alla demografia, e pochissimo alla meteorologia: contavano solo le emozioni della prima esperienza all'estero, senza genitori e guardiani. Il piccolo Baudelaire che si celava in ogni ragazzo del '72 (facile preda di malinconie struggenti, soprattutto se non lo lasciavano entrare in discoteca), andava perfettamente d'accordo col giovane Casanova nascosto dentro di lui. C'era spazio, nei ragazzi del '72.

* * *

Per il viaggio dall'Italia – recitava il ciclostilato spedito a casa, che i genitori studiavano attentamente, in cerca di rassicurazione – avevamo a disposizione un «aereo speciale appositamente noleggiato» (eufemismo del tempo per «volo charter»). La compagnia si chiamava Monarch Airways o, se non altro, quello era l'ultimo nome dipinto sulla fusoliera. Il ritrovo era in piazzale Cadorna a Milano; il trasferimento all'aeroporto avveniva con «autopullman»; la partenza dalla Malpensa era prevista alle dieci di sera (tassa aeroportuale: mille lire). L'atterraggio avveniva a Luton, un aeroporto che oggi è stato promosso alle transumanze turistiche verso la Costa Brava, ma allora serviva come stazione di accoglienza per i minorenni provenienti dal continente. Luton era la nostra Ellis Island: lì restavamo, tra i cani-lupo che sbadigliavano, finché gli accompagnatori non si degnavano di mostrarci le corriere che, lasciando Londra a occidente, scendevano verso la Manica, dove i genitori avevano prenotato il soggiorno estivo.

La convinzione delle nostre famiglie – indotta da opuscoli pieni di edifici finto-gotici e citazioni di celebri villeggianti (George Orwell, Marx e Engels, Claude Debussy, che a Eastbourne compose *La Mer*) – era di averci sistemato, con trentamila lire di caparra, in luoghi simili al Balliol College di Oxford. In effetti, le cose non stavano così.

Abitavamo in casette modeste, le *semidetached houses* (bifamiliari) che costituiscono il marchio dell'Inghilterra. La giornata-tipo si apriva con la prima colazione, in compagnia della famiglia ospitante. La padrona di casa (*landlady*) si chiamava Mrs Potter e viveva in Susans Road, una via che dalla ferrovia scendeva verso il mare, passando vicino al deposito dei bus, al Post Office e a un luogo chiamato Picturedrome. La signora Potter andava a letto alle dieci di sera, e si presentava perciò in forma smagliante al rito spartano del *breakfast* che, com'è noto, consiste nell'affrontare appena svegli cibi che solo la sera, dopo accurata preparazione psicologica, noi stranieri ci sentiamo di considerare: pomodori affranti, salsicce con segni di rigor mortis, *bacon* e uova al burro. Davanti a questi piatti e alle domande tecniche che comportavano (*Do you want them over?* Le uova, le vuoi in camicia?), noi ospiti – complici le poche ore di sonno – assumevamo un'aria dolente e patita. Sono convinto che le *rockstars* del tempo – da Alice Cooper (che era un uomo) a Rod Stewart – abbiano adottato il proprio look emaciato dopo

aver osservato le facce dei ragazzi italiani in va-
canza-studio (ovvero: prima vacanza, poi studio. L'ordine delle precedenze era chiaro nelle
nostre menti).

Dopo il macabro rito del *breakfast* (che qualche incosciente avrebbe tentato di continuare al
rientro in Italia, cedendo di schianto dopo quattro giorni), uscivamo di casa per andare a scuola. Questi termini – casa, scuola – vanno inter-
pretati. In quegli anni, la Gran Bretagna si era
accorta di avere tra le mani un tesoro – la lingua inglese – e voleva ricavarne il possibile, e
magari qualcosa di più. Sulla costa del Sussex
(da Hastings a Eastbourne, fino a Brighton e a
Bournemouth) questa frenesia era evidente.
Molte famiglie cercavano di integrare il reddito ospitando ragazzi stranieri. Alcune, la mino-
ranza, combinavano piacere e convenienza. La
maggior parte badava solo alla convenienza e,
al di là dell'inossidabile cortesia degli inglesi del
sud, faceva le cose che ci si possono aspettare da
chi deve badare a ogni penny: chiudeva il frigorifero col lucchetto, razionava la carne, riciclava
gli avanzi. Per il figlio di un notaio lombardo, la
cui massima privazione alimentare era stato un
cappuccino con poca schiuma, queste abitudini
erano sconvolgenti, ma non spiacevoli. Volevamo diventar uomini? Eccoci serviti.

Mio compagno di casa era Karl, un ragazzo-
ne svizzero-tedesco che indossava sempre lo
stesso maglione carminio, non capiva quasi
niente, e costituiva una continua fonte di meraviglia per Mrs Potter. Oltre al maglione, Karl
presentava altri punti deboli, dall'alito al senso
dell'umorismo, il primo più evidente del secondo. Aveva però un merito: non parlava italiano,

e non mi induceva in tentazione linguistica. Peccato non parlasse neppure inglese, ma solo *Schwyzerdütch*.

Insieme a Karl – anzi: nonostante Karl, che mi osservava con l'espressione stupita dell'orso Yoghi – ho cominciato le mie esplorazioni dell'universo domestico britannico che, ventisei anni dopo, non sono ancora terminate. Mi hanno colpito subito le finestre dei bagni: non c'erano. La porta d'ingresso era munita di catenacci nerboruti che avevo visto solo nei film della Tavola Rotonda. E il *carpet* (moquette) si presentava a pelo lungo, e con colori sconvolgenti: non ricordo se fosse arancione a fiori turchesi, o viceversa. Non ho mai avuto il coraggio di chiedere spiegazioni, ma i primi tempi ero certo si trattasse di un fondo di magazzino, acquistato in saldo. Poi ho capito che era un crimine premeditato: Mrs Potter andava orgogliosa del suo *carpet*. I piccoli lampi elettrostatici che emanava nelle giornate di sole e vento, evidentemente, le piacevano.

Intorno alle dieci arrivavamo a scuola, dove potevamo riprenderci dal *breakfast* e dalla serata precedente. Il nostro luogo di riposo si chiamava Eastbourne School of English, e stava al numero 8 di Trinity Trees (un indirizzo che era uno scioglilingua, soprattutto per dei principianti). In genere, gli insegnanti ci lasciavano in pace. Molti erano avventizi, e dopo l'esperienza estiva sarebbero tornati a solide professioni quali l'impiegato di banca o il professore di matematica in una scuola vera. Sulla mia scheda di ammissione uno di loro aveva scritto «Guiseppe», inaugurando una sciatteria anglosassone destinata a durare nel tempo.

Per dare dignità a questo corpo insegnante, il foglio d'istruzioni ricorreva alle maiuscole (*Ask your Class Teacher to explain anything you don't understand*), invitando a essere puntuali (*You must make every effort to be punctual*). Gli orari di lezione erano 9.15 a.m/10.00 a.m., 10.10 a.m. /10.55 a.m., 11.20 a.m./12.30 a.m. A parte questo spreco di «a.m.», va sottolineata la pausa di 25 minuti tra le 10.55 e le 11.20: per quella, non mancavamo mai. Costituiva infatti il momento strategico per fare nuove conoscenze, e organizzare la giornata. Gli studenti di Trinity Trees appartenevano infatti a organizzazioni di diversi paesi, riconoscibili dalle borse di tela, che portavano scritte vagamente ipocrite come Study Tours, o decisamente sexy come EF, l'associazione che conduceva in Inghilterra le ragazzine di Stoccolma e Göteborg. Il nostro gruppo si chiamava World Friends, e annunciava in fondo un proposito sincero: volevamo fare amicizia con i coetanei di tutto il mondo. Se i coetanei erano coetanee, tanto meglio.

* * *

Nel pomeriggio la scuola offriva lezioni facoltative (storia e letteratura inglese, *British Life and Institutions*), dove non andava nessuno. E gite (Hastings, Herne Bay), cui partecipavano tutti. Per due volte venivamo condotti anche a Londra, dalla quale tornavamo con magliette comprate a Carnaby Street – già a quei tempi un campo di concentramento per stranieri – e inaugurate a La Poubelle (pattumiera, in francese), una discoteca di Soho dove la densità pomeridiana di minorenni sudate era spaventosa ed entusiasmante.

Durante una di queste escursioni nella capitale ho trovato il coraggio di assistere a un concerto di David Bowie al Rainbow Theatre, dove – si diceva – sarebbero arrivati anche Mick Jagger ed Elton John. Coraggio non è una parola esagerata: nei dintorni del ginnasio A. Racchetti di Crema, gli ibridi sessuali erano piuttosto rari, e un abbigliamento alla Ziggy Stardust avrebbe provocato una certa sensazione. Ma la combinazione di nomi – Bowie, Jagger, Rainbow Theatre – era sufficiente per mandare in trance un quindicenne italiano, lettore di *Ciao 2001*; perciò, ho osato.

Mi sono messo in coda, ho acquistato il biglietto, e sono entrato in una bolgia dove la mia sahariana sciancrata spiccava tra tute marziane, calzamaglie e minigonne talmente corte da sembrare collari. Per darmi un contegno, ho assistito attento all'esibizione del gruppo di spalla – tali Iguana – e ho atteso l'arrivo di David Bowie, che è comparso accompagnato dai Ragni di Marte (Spiders from Mars). Aveva i capelli ritti in testa, e indossava un mantello argentato. Poi l'ha gettato, rivelando una salopette rossa, e si è arrampicato su un'impalcatura. Prima di allora l'avevo visto fare solo ai muratori; cantavano anche loro, ma senza microfono.

Durante l'intervallo, ho avuto l'infelice idea di chiedere dove fosse il bagno. Poiché le formule apprese alla Eastbourne School of English non davano risultati, ho deciso di trovarlo da solo. Ho visto la scritta PUSH BAR TO OPEN, e ho pensato che il bar fosse un buon posto dove cominciare a cercare. Ho spinto la porta, che non era un porta ma un'uscita di sicurezza, e si è richiusa vigliaccamente alle mie spalle (*Push bar to open*, ho appreso in seguito, significa «spingere la sbarra per aprire»). Mi sono ritrovato in un sottoscala male illuminato, in compagnia di personaggi al cui confronto Ziggy Stardust era Don Gnocchi, che ballavano da soli e mi offrivano sostanze dai colori interessanti. Dicendo *No, thanks* ogni tre minuti, ho ascoltato il resto del concerto da dietro la porta. Non era male, devo dire. La canzone *Starman*, se non avessi dovuto guardarmi le spalle, mi avrebbe commosso.

* * *

Quando non andavo a Londra a chiudermi nei sottoscala dei teatri, passavo il pomeriggio bighellonando per Eastbourne in compagnia degli altri italiani. Qualcuno fumava piccole sigarette dall'aspetto fasullo, con nomi come Players N.6. Altri si appoggiavano alle panchine sul lungomare, cercando di imitare le pose viste sulle copertine dei dischi. Per mantenerci in allenamento e poter affrontare il *dinner* in famiglia, andavamo da Wimpy's e ordinavamo dischi viola sepolti sotto un tappeto di cipolle verdi. Sul menù plastificato qualcuno insisteva a chiamarli hamburger.

Il pomeriggio per noi era solo la vigilia della sera e il prologo della notte. Ci muovevamo in piccole falangi, visitando il pontile (*pier*), dove imperversavano giochi come il *bolingo* (bowling più bingo), che ci assordavano e ci lasciavano turbati. Oppure passeggiavamo sul lungomare, osservando coppie di anziani turisti acquattati dietro i vetri dei bovindo. Talvolta decidevamo di far compere, rassicurati dal fatto che gli inglesi, l'anno prima, avevano abolito la forsennata suddivisione della sterlina, secondo cui uno *shilling* equivaleva a 12 *old pence* e mezzo. Sapevamo che la sterlina valeva 1.500 lire, e questo ci bastava. Non conoscevamo però il nome dei prodotti, e non potevamo chiederli nei negozi, ma solo indicarli, a patto che ci fossero. La colpa non era nostra, ma degli articoli in questione che, come quasi tutte le cose che ci interessavano (canzoni, parolacce), avevano nomi che non ci venivano insegnati a scuola. Ci ho messo giorni per capire che *shades* erano gli occhiali da sole, *singlet* voleva dire canottiera e *loons* erano i pantaloni. Ho impiegato settimane per intuire che *teddy bear jacket* stava per giubbetto peloso, mentre *flares* e *big bell bottoms* erano due nomi per indicare i pantaloni a zampa di elefante. Così non ho potuto acquistarli. Ripensandoci, è andata bene così.

* * *

La bellezza del pomeriggio inglese era che, a un certo punto, finiva. Tornavamo a casa intorno alle cinque, e alle sei veniva servito il *dinner*. Lo stupore per l'orario veniva superato solo dalla meraviglia di fronte al cibo – che non era cattivo, ma era diverso da qualsiasi cosa avessimo sperimentato in quindici anni di vita. Ricordo verdure gommose e bolliti annegati in salse vischiose, il cui nome non ho mai avuto il coraggio di domandare. La prima volta che hanno portato in tavola menta e marmellata con l'arrosto, ho pensato a un errore. Ma ero stoico e, a differenza di molti compagni d'avventura, non mi la-

mentavo. Usavo il succo d'arancia come stura-
lavandini, e buttavo giù.

I piccoli traumi del *dinner* dovevano essere
compensati dai languidi piaceri del *supper* (tè
coi biscotti alle dieci di sera), ai quali però cercavamo in tutti i modi di sottrarci. Tè coi biscotti prima di dormire non era l'idea di divertimento di un quindicenne italiano alla sua prima esperienza all'estero. Noi volevamo conoscere la gioventù europea, cercando di evitare la
gioventù del luogo. La cosa, bisogna dire, non
era sempre facile.

I ragazzi inglesi del Sussex si dividevano infatti in due categorie: quelli che somigliavano
all'ex primo ministro John Major adolescente, e
non erano interessanti; e quelli che si rapavano
la testa (*skinheads*), e non erano rassicuranti.
Questi gentiluomini passavano l'anno ad an-
noiarsi, e l'arrivo degli studenti stranieri li entusiasmava, come l'arrivo della selvaggina scal-
da il cuore del cacciatore. A parte l'assenza di
capigliatura, vestivano con canottiere inade-
guate al clima, erano coperti di tatuaggi e trascinavano scarponi pesanti. Questo era il loro
unico punto debole. Nell'estate del '72 ogni studente straniero di Eastbourne lo sapeva, e indossava scarpe da ginnastica, per correre più
veloce. Vi chiederete: ma perchè vi inseguivano?
Francamente non l'ho mai saputo, né mi sono
fermato a domandarlo. Convinzione comune era
che gli *skinheads* non amassero avere concor-
renza nel corteggiamento delle ragazze stranie-
re. Se è così, erano degli illusi. Nemmeno se fossero rimaste sole al mondo, le soavi quindicenni
scandinave avrebbero avvicinato le labbra a un
collo con tatuato YOU FUCKER!.

Avevamo, quindi, buon gioco. Gli *skinheads* ci mantenevano atleticamente vispi e ci davano qualcosa da raccontare al ritorno (il film *Arancia meccanica* era appena uscito in Italia, e l'insensata violenza britannica, soprattutto se l'avevi evitata, costituiva un eccellente argomento di conversazione). Non solo: le fanciulle del nord apprezzavano che non bevessimo alcolici (un po' perché non ce ne davano, un po' perché non ci attiravano), e ci permettevano di corteggiarle. Erano talmente garbate che fingevano di non far caso al nostro aspetto: capelli medio-lunghi, divisi nel mezzo; jeans attillati; girocollo e sahariana, scarpe Clarks e piccolo braccialetto di ottone, che sporcava di verde i nostri giovani polsi. Talvolta, quando ci presentavamo all'ingresso dei *clubs*, non ci lasciavano entrare. Guardando le fotografie, oggi capisco perché.

Se riuscivamo a superare i ceffi all'ingresso, però, eravamo in paradiso. Subito cercavamo le teste bionde delle coetanee svedesi, che si muovevano in branchi, come le aringhe: se ne vedevi una, potevi star certo che ce n'erano quaranta. Le nostre tattiche erano infantili, la nostra timidezza commovente. Aspettavamo ore prima di avvicinarci, e quando lo facevamo chiedevamo «*Where do you come from?*» (Da dove vieni?), anche se lo sapevamo benissimo. Se la reazione non era un muro di silenzio, passavamo a commentare i successi musicali del momento: *Rubber Bullets* dei 10 cc e una canzoncina maniacale chiamata *Popcorn*. Helena, Katarina e Birgita rispondevano mescolando sorrisi e suoni gutturali; noi le guardavamo, ed eravamo già perdutamente innamorati.

Questa era la regola. Ogni studente – non

che studiassimo: uso il vocabolo per comodità di esposizione – aveva poi elaborato proprie tattiche d'abbordaggio, sulle quali gli altri dissentivano. C'era chi tentava col maglioncino annodato in vita (lo portavano solo gli italiani; era come mostrare il passaporto). Chi ostentava un'aria strafottente. E chi, come il mio amico Franco, compagno d'avventure fin dai tempi dell'asilo, entrava in discussioni metafisiche per poi accorgersi di non possedere vocabolario sufficiente. A quel punto, correva verso di me chiedendo di tradurre «È un delicato problema di coscienza». Quando gli dicevo di arrangiarsi, tornava dalla ragazza e ricorreva a una perifrasi. Alcune perifrasi duravano tutta la notte.

Il mio metodo – collaudato in Italia, senza particolare successo – era quello di presentarmi alle fanciulle come un amico, più interessato a entrare nella loro vita che nella loro camicetta. Allo scopo esibivo le mie conoscenze sulla Svezia (l'indirizzo dello zoo di Stoccolma, il nome dei grandi magazzini). Oppure chiedevo un parere sulla mia canzone preferita, *One Man Band* di tale Leo Sayer. Il ritornello diceva «*You can't see nor understand, but I'm a one man band*» («Tu non puoi vedere né capire, ma io sono un gruppo formato da uno solo»), una frase che mi sembrava adatta allo stato d'animo di un quindicenne, che sospettava di non essere capito, e quando lo capivano pensava volessero fargli un dispetto.

Talvolta, miracolosamente, da queste schermaglie tornavo vittorioso, con un bacio o un indirizzo. Un indirizzo svedese era considerato una medaglia al valore e, a differenza del bacio, si poteva mostrare. In un mese di soggiorno ricordo di averne conquistati due. Quello di una ragazzina di nome Lena Jansson l'ho usato recentemente, in occasione di un viaggio di lavoro a Stoccolma. Quando ci siamo rivisti — lei è sposata, ha due figli e dirige un albergo — abbiamo riso fino alle lacrime scoprendo le rispettive timidezze. Apparentemente, nell'estate del 1972, le ragazzine svedesi erano interessate ai ragazzini italiani almeno quanto i ragazzini italiani erano affascinati dalle ragazzine svedesi. Peccato averlo scoperto con venticinque anni di ritardo. Ormai le sahariane sciancrate ci vanno strette, e parliamo inglese troppo bene per puntare sulle incomprensioni e sui sorrisi.

Austeri e sportivi
1973

Quando ha scelto una parola inglese per riassumere i suoi guai, avrei dovuto capire che l'Italia si stava mettendo su una brutta strada. *Austerity* – la necessità di risparmio energetico indotta dalla crisi petrolifera del '73 – era molto simile all'equivalente vocabolo italiano. Solo una piccola differenza di vocali e d'accento, che suggeriva non una necessità linguistica, ma uno schietto provincialismo. Del periodo non ho, tuttavia, un cattivo ricordo: le allegre domeniche senza automobile – il modo, classico, in cui l'Italia trasformava un problema in una festa – erano accettabili, non potendo guidare l'automobile. La nazione riscopriva biciclette e monopattini, tandem e tricicli, cavalli e carrozze; e con quelli si esibiva e si divertiva, sperando segretamente che gli sceicchi arabi continuassero a tenere alto il prezzo del petrolio. Solo Diogene, in passato, si era divertito tanto con un barile.

Quell'effimera rinuncia ai motori richiedeva una buona forma fisica. Occorrevano fiato per lamentarsi, e muscoli per pedalare; e noi possedevamo entrambi. L'età compresa tra i quindici e i vent'anni è stata infatti segnata, per molti di noi, da un'esuberanza sportiva che rasentava la frenesia. Era un bisogno, più che una scelta. Negli intervalli di tempo lasciati liberi dai libri e dalle passioni, occorreva trovar qualcosa per occupare il cuore e la mente. C'era chi sceglieva la politica. Ma, probabilmente, non sapeva giocare a pallone.

L'elenco degli sport è lungo, e piacevolmente nevrotico: giocavamo a tutto, scendevamo dovunque, saltavamo qualsiasi cosa, calciavamo, colpivamo e lanciavamo ogni palla in circolazione. Tra le più leggere, e quelle colpite con maggiore determinazione, c'erano le palline da ping-pong. Avevamo messo un tavolo verde in cantina, e giocavamo per ore: i clienti del notaio Severgnini, al piano di sopra, udivano sotto di loro un ticchettio incessante, come se trattassero compravendite seduti sopra una bomba a orologeria. Dopo un paio d'anni di pratica continua, eravamo piuttosto bravi: sapevamo praticare il top-spin – un effetto che aumenta la rotazione della pallina – e balzavamo a destra e a sinistra senza schiantarci contro i muri. Fornivamo, credo, uno spettacolo singolare: la combinazione tra jeans attillati, magrezza ieratica e scatti nervosi doveva essere impressionante.

Anche il tennis ci piaceva. Alcuni di noi ne avevano appreso i fondamentali, anni prima, a Serramazzoni, una località dell'appennino modenese dove i corsi erano l'equivalente sportivo dei soggiorni sulla Manica: un'educazione social-sentimentale, dove la racchetta serviva soprattutto per misurare la distanza minima consentita nel ballo lento («distanza racchetta»). Tornati in pianura, il Tennis Club Crema ci consentiva di mostrare quello che avevamo appreso: i tre campi in terra rossa erano discreti, e le figlie di alcuni soci estremamente graziose. In ambedue le attività l'entusiasmo superava la tecnica, e questo ci rendeva impopolari. Gridavamo nelle docce, allagavamo gli spogliatoi, vestivamo in maniera non consentita, entravamo nei campi prima che fossero asciutti, irritando l'anziano custode, che imprecava come un personaggio dei Malavoglia.

La nostra indisciplinata euforia era tale che la dirigenza del Tennis Club – un luogo dove Crema parlava spesso in dialetto, ma sognava di essere inglese – aveva deciso di confinarci in alcuni orari: il mattino presto, e le ore più calde della giornata. Non ci facevamo spaventare. Giocavamo, sudavamo, apprendevamo l'indispensabile gergo tennistico («pallettaro»: dicesi di giocatore odioso, che vince limitandosi a mantenere la palla in campo). Nei rari tornei individuali perdevamo con regolarità, e senza troppa grazia. Nelle partite di doppio, litigavamo furiosamente tra di noi, con gli avversari e con chiunque osasse intervenire. Nei doppi misti, ipnotizzati dai gonnellini che frullavano nel sole, alzavamo continui pallonetti, sperando che le nostre avversarie si allungassero per prenderli, e il miracolo si ripetesse.

La terza palla contro cui ci accanivamo – più grande di quelle da ping-pong e da tennis, più piccola di quelle da calcio e da basket – serviva per la pallavolo. Per questioni di attrezzatura, si trattava di uno sport scolastico (il beach-volley era sconosciuto: sulle spiagge, venticinque anni fa, si giocava a tamburello, e volavano, mansueti, i primi frisbee). La squadra del liceoginnasio Racchetti era formata da ragazzi prossimi alla maturità; solo in caso di defezioni, di vittoria sicura o di sconfitta certa, gettavano nella mischia noi di prima liceo. Anche le maglie erano tarate sulle spalle di un ragazzo di diciott'anni; indosso a noi, diventavano sacchi informi (viola, per giunta). Quando entravamo in campo, a partita iniziata, sembravamo bambini di Dickens. Non c'importava: pretendevamo, comunque, che le compagne di classe venissero a tifare per noi. Non chiedevamo loro di trasformarsi in ragazze pon-pon: ci avrebbero schiaffeggiato. Sapevamo però che il nostro naturale esibizionismo, di fronte a un pubblico femminile, ci avrebbe portato a strafare: avremmo perfino potuto opporci, stoici, a una schiacciata avversaria. Quando accadeva, ci giravamo con gli avambracci in fiamme verso le nostre spettatrici coatte. Quasi sempre erano voltate, e parlavano degli affari loro.

Anche la pallacanestro si giocava a scuola: ma si imparava a casa. Sotto il portico, infatti, avevamo appeso un canestro; esaurita l'euforia del ping-pong, lo usavamo con regolarità. Il luogo – devo ammettere – non era ideale. Sotto il canestro c'era un muro, sul quale andavano a sbattere gli attaccanti; dal soffitto pendeva un lampadario in ferro battuto, contro il quale si schiantavano le respinte dei difensori. Sulla destra, c'erano quattro colonne di granito. Sulla sinistra stavano – ma sono rimasti poco – i vetri di una porta e di due finestre.

Era il tempo dell'esuberanza fisica: mettere sei sedicenni in quel luogo, era come piazzare mezza dozzina di vitelli in un negozio di bigiotteria – e i vitelli non avevano un pallone. Noi sì, e ce lo strappavano con furia, rilanciandolo con veemenza. Il muro portava le impronte di scarpe da ginnastica, alcune delle quali francamente impressionanti. Il prato circostante era ridotto a terra battuta. Gli animali domestici (un gatto, un cane, due tartarughe) si mantenevano a distanza. Solo le colonne di granito ci tenevano testa, ma avevamo imparato ad aggirarle: erano avversari coriacei, e li rispettavamo. L'espressione «tiro in sospensione», durante quei pomeriggi, assumeva un significato nuovo: uno di noi saltava, tirava, e casa Severgnini restava sospesa ad ascoltare: dal rumore, si sarebbe capito cos'era andato in pezzi. Nessuno protestava, però, nemmeno quando la mandria lasciava magliette sudate dovunque, o si avvicinava assetata al frigorifero. Il piacere di averci nei dintorni, evidentemente, valeva qualche vetro rotto.

Neppure la pallacanestro – che per un certo periodo era diventata un'attività quotidiana, collocata tra lo studio e la passeggiata in centro – esauriva la nostra carica. L'altro sport che ci piaceva senza riserve era il calcio: ma il portico di casa, sebbene consentisse infortuni interessanti, non bastava. Finiti i giorni anarchici del ginnasio, il calcio non veniva visto di buon occhio neppure a scuola: era chiaro che ci divertivamo troppo. Per giocare, finivamo così in campi comunali e parrocchiali; oppure dietro la cosiddetta «palestra della stazione», un luogo catacombale dove talvolta, nelle ore di educazione fisica, ci esibivamo nel salto in alto, e conoscevamo il piacere sensuale di finire faccia in giù nella gommapiuma.

È stato scritto molto sulle gioie semplici del calcio; non abbastanza sulle sottili sofferenze. Non pativamo pedate e sgambetti; eravamo superiori alla parzialità degli arbitri, anche perché spesso non c'erano e, quando c'erano, se ne andavano disgustati; non ci imbarazzavano neppure gli spogliatoi, che grondavano sudore e battute grevi. Soffrivamo, invece, per le incertezze legate al nostro ruolo. A sedici anni eravamo ormai professionisti dell'adolescenza, e capivamo che molte delle sicurezze faticosamente conquistate potevano infrangersi contro un palo in occasione di un rigore, o sciogliersi al caldo di una panchina, nell'ignominiosa attesa di una sostituzione. Erano ansie sociali. Capivamo che alcune gerarchie venivano stabilite in classe, altre nei corridoi, altre ancora al braccio di una ragazzina. Molte però dipendevano dal modo in cui ci comportavamo tra quei ciuffi d'erba, a prima vista così innocui.

Come nella pallavolo, e a differenza del ping-pong, la dedizione era superiore all'attitudine e alla tecnica. I soli ad avere talento erano due ragazzi cresciuti nella dura scuola degli oratòri (non degli oratóri: in quel caso avrebbero avuto perifrasi migliori, ma non avrebbero saputo crossare). Noi tutti supplivamo con volontà, passione, e una certa dose di fantasia: avevamo portieri che prendevano gol perché annusavano i fiori, e difensori che demolivano i pali. Queste doti – fantasia fervida, tecnica scarsa – sarebbero durate nel tempo. A metà degli anni Ottanta – laureati, ma non redenti – correvamo ancora per i campi parrocchiali della bassa lombarda, impegnati nei campionati di terza categoria, dove robusti diciottenni ci ascoltavano con giustificata diffidenza, mentre protestavamo con l'arbitro usando il congiuntivo. Un paio di anni dopo, ormai discesi negli inferi allegri del calcio amatoriale, ci iscrivevamo ai tornei come «Famiglia Daccò», dopo aver cucito sulla maglia nomi misteriosi: Nonno Daccò, Nuto Daccò, Olmo Daccò, Veleno Daccò. Il riferimento colto – Bernardo Bertolucci, *Novecento* – veniva mantenuto oscuro, altrimenti ci avrebbero picchiato.

* * *

C'era un aspetto curioso nella nostra frenesia sportiva: non ci accontentavamo di giocare, correre, saltare e tirare. Volevamo gareggiare. Non credo che questa passione per l'agonismo fosse la stessa che, in altri tempi, aveva spinto la gioventù ad andare in guerra cantando: gli avversari, infatti, ci erano simpatici. Senza di loro, i nostri sedici anni sarebbero stati un eterno pareggio. La scuola, infatti, non forniva spunti competitivi: era invece una sorta di repubblica popolare, dove ci aiutavamo e ci consolavamo a vicenda. Un torneo di tennis, una marcia o un incontro di calcio fornivano invece aneddoti e leggende su cui avremmo campato per mesi. In caso di sconfitta, potevamo allenare il senso dell'umorismo. In caso di vittoria, una coppa sull'armadio carezzava il nostro amor proprio (l'espressione «autostima», ai tempi, era in uso soltanto presso i concessionari, al momento di trattare l'usato). Oggi lo posso dire: siamo diventati più spiritosi che orgogliosi, e questo non è necessariamente un male.

Lo sport dove abbiamo ottenuto i risultati migliori è stato, senza dubbio, lo sci. La disciplina prussiana del passo della Presolana ci aveva insegnato i fondamentali; i sedici anni ci fornivano la muscolatura e l'entusiasmo; i diciotto, presto, ci avrebbero portato un'automobile col portasci. Gara dopo gara, gobba dopo gobba, botta dopo botta, attesa dopo attesa davanti ai cancelletti di partenza, siamo riusciti a superare il livello dell'assoluto dilettantismo. Chi ci guardava scendere, provava l'impressione che avessimo la situazione sotto controllo. Questo non era sempre vero, ma sapevamo fingere atleticamente.

Delle gare di sci, ci piacevano molte cose. Prima di tutto, i preparativi: la sciolinatura, la regolazione degli attacchi, la scelta degli scarponi, i pomeriggi passati a discutere nel sottoscala di un negozio di articoli sportivi. Erano piccoli amori meccanici, gli stessi che d'estate ci portavano ad affaccendarci intorno alla Vespa. Oliavamo, stringevamo, preparavamo, contrattavamo prezzi e consegne, commentando le novità delle riviste. La cosa non deve stupire. Ogni hobby prevede rituali che deliziano gli iniziati, e sembrano assurdi a tutti gli altri. I cavalieri medioevali, probabilmente, trafficavano intorno alle armature; i pescatori preparano lenze e cestini. Noi amavamo l'odore della sciolina, e non eravamo particolarmente perversi.

La domenica mattina, partivamo. Erano partenze nel buio che ricordavano in tutto, meno nella temperatura, quelle per le vacanze estive, qualche anno prima: l'abbondanza di bagaglio, le difficoltà di carico, l'impazienza del guidatore. Non dovevamo andare lontano: i luoghi delle gare erano infatti paesetti di mezza montagna dove la seggiovia passava sopra cascine e pollai; e la neve, al primo sole, diventava poltiglia color cappuccino. Questa mediocrità aveva una spiegazione: le nostre gare erano destinate

alla plebe agonistica. Si chiamavano QZ (qualifi-
cazioni zonali) e Z (zonali, ancora meno presti-
giose), e ammettevano gli NC (non classificati).
Eravamo, al di là delle sigle, i nani dello slalom
gigante: con un buon piazzamento potevamo
però sperare di acquisire un punteggio, e conquistare una categoria. La settima – la più bassa – era alla nostra portata; la prima era quella
di Gustavo Thoeni e della Valanga Azzurra, che
conoscevamo attraverso i poster appesi sopra il
letto.

A ogni gara – in luoghi come Gandino, Costa
Valle Imagna, Schilpario; il Monte Pora era la
nostra Cortina – partivamo con numeri alti, e
scendevamo nell'assenza totale di pubblico (probabilmente era già andato a mangiare), quando
il percorso era segnato da buche profonde e
chiazze d'erba. All'arrivo – perché, non si sa come, arrivavamo – trovavamo una pozzanghera
e due cronometristi annoiati, che annunciavano
il tempo con un altoparlante. A quel punto re-
stituivamo il pettorale con il numero di gara,
raccoglievamo le nostre cose e ci avviavamo verso il bar del paese, dove commentavamo la mat-
tinata mangiando pane e salame. L'ordine d'arrivo veniva ciclostilato, e distribuito a metà pomeriggio. Noi eravamo quasi sempre nel secondo foglio; però c'eravamo.

Eravamo i manovali dall'agonismo, e la cosa
non ci disturbava affatto. L'asperità dei luoghi,
la bizzarra solennità delle competizioni e la mo-
destia delle nostre ambizioni ci consentivano
racconti epici, e ci permettevano di ben figurare
nelle due gare più importanti della stagione: i
campionati provinciali e i campionati cremaschi. I primi servivano a regolare la rivalità tra

Crema e Cremona; i secondi conferivano prestigio in città. Come i capi indiani mandavano i figli a combattere gli orsi, affinché provassero il proprio valore, così i genitori cremaschi li iscrivevano ai campionati di sci; poi andavano a soffrire lungo il percorso. La cosa non ci riguardava: erano ore bellissime, cariche di colori e di attese. Era delizioso lanciarsi uno dopo l'altro per una discesa gelata, masticando vento.

Quelle giornate di sci ci davano una sensazione di compiutezza. Non era ciò che le mamme chiamavano «necessità di sfogarsi», giustificando in anticipo la nostra irrequietezza. Era qualcosa di più e di meglio. Era il gusto di avere amici, bagagli, aneddoti, soldi in tasca, ricordi di domeniche pomeriggio: nostri, non più condivisi con fratelli e genitori. Lo sport, preso così, era una magnifica scuola. Così come la scuola, a partire dal giorno dopo, era un magnifico sport.

L'età del ciclostile
1974

Nel diario scolastico Linus 1974-75 trovo: adesivi staccati da uno scarpone da sci; abbonamenti giornalieri agli impianti di risalita; traduzioni approssimative di incomprensibili canzoni dei King Crimson; biglietti di partite dell'Inter; etichette prodotte col Dymo, nota macchina futurista; parolacce scritte col normografo; disegni con l'inchiostro verde; il progetto di mettere in scena l'Edipo Re con la bidella nel ruolo di Giocasta; imprecazioni penosamente occultate dall'alfabeto greco (χε παλλε!); frasi intimiste di Cesare Pavese; vari riferimenti a una ragazza bruna che arrossiva sempre; una foglia d'edera; una fotografia in cui sono particolarmente spettinato; un *collage* realizzato nell'ora di storia con la carta della gomma Brooklyn; e molte strisce dei Peanuts, l'ultima delle quali, in data 18 giugno, termina con una domanda di Piperita Patty a Charlie Brown: «Contento di vedermi, ciccio?».

Il diario Linus – recuperato dopo una giornata di speleologia domestica – è una prova documentale. Certifica che ero un soggetto più o meno normale. E, come tutti i soggetti normali che hanno frequentato una scuola normale, ne ho un ricordo eccezionale: il liceo mi appare come una lunga festa, e ho il sospetto che lo fosse davvero. La nostra generazione subiva infatti le conseguenze cinetiche del '68: continuavamo a muoverci, senza sapere esattamente perché. La politica era un potente rumore di fondo. Indipendentemente dalle convinzioni – io facevo parte del Gruppo Classico, «di ispirazione liberaldemocratica» (un aggettivo che nei successivi venticinque anni avrebbe subito indescrivibili violenze) – avere un'idea e osteggiarne un'altra ci costringeva a ragionare, a parlare dentro un microfono e a diffidare dell'autorità. Alcuni riuscivano a fare tutte queste cose insieme, ma non erano molti.

Discutevamo su tutto, con passione talmudica. Litigavamo con la sinistra che ci irritava perché era intollerante, petulante e attirava le ragazze più carine. Diffidavamo della destra, che ciclostilava *Il Ghibellino* e riuniva alcuni tipi fin troppo sportivi. Stuzzicavamo i cattolici militanti, sperando di farli sorridere almeno a Pasqua e a Natale. E dibattevamo con i professori, alcuni dei quali ci davano ragione, soprattutto quando non la volevamo. Per una questione di dignità, dovevamo perciò ricorrere a una certa dose di indisciplina. Questo richiedeva impegno. Ricordo che un mattino abbiamo chiuso a chiave nel gabinetto (maschile) la gigantesca macchina dei panini – un modo per mostrare la nostra insoddisfazione verso la qualità dei medesimi. È stato uno sforzo collettivo che anche la polizia, quand'è arrivata, non ha mancato di apprezzare.

Questa turbolenza era particolarmente evidente in terza liceo, una classe che ho atteso con impazienza da quando la mamma, anni addietro, aveva spento il televisore per impedirmi di guardare un film con lo stesso titolo (*Terza liceo*, di Luciano Emmer), da cui risultava che a diciott'anni iniziava la vita adulta, con tutti gli annessi e connessi. Non sono rimasto deluso, devo dire. L'ultimo anno al liceo Racchetti, posto convenientemente tra i giardini pubblici e il bar della stazione, è stato vivace e privo dei sensi di colpa che talvolta accompagnano la vivacità studentesca. Facevamo pressappoco quello che volevamo, e ci dicevano bravi.

Qualcuno sostiene che, in quegli anni, si studiasse meno. È assolutamente vero. Scampati al '68 e ignari del '77, vendevamo la nostra ragionevolezza a caro prezzo: interrogazioni programmate; uscita libera (bastava alzare la mano; non occorrevano scuse urologiche); e le prime autogiustificazioni della storia d'Italia. Eravamo infatti diventati maggiorenni nel corso dell'anno scolastico, in seguito alla riforma dello stato di famiglia, e i professori non sapevano come regolarsi. Noi abbiamo colto quell'incertezza e, quando volevamo lasciare la scuola, ci concedevamo permessi barocchi: «Prego giustificare il sottoscritto che intende assentarsi per autoaccompagnarsi all'ufficio postale, allo scopo di pagare le tasse scolastiche per sé medesimo». Di solito ci lasciavano andare, ma non sempre apprezzavano la nostra arguzia.

Questa vivacità aveva anche un altro scopo: nascondere il fatto che alcune materie di studio ci piacevano. Ci piaceva Leopardi quando eravamo innamorati, cioè spesso e volentieri; e ci affascinava la filosofia, che forniva eccellenti citazioni da inserire nel diario Linus, sopra le foto di Gustavo Thoeni. Ci interessava la storia, quando qualcuno si degnava di raccontarcela. Ci colpiva il sognante frammento di Alceo: non lo avremmo spedito alle ragazzine della prima B, ma capivamo che valeva una canzone di Guccini. Capivamo anche – ma non l'avremmo mai confessato – che tradurre dal greco e dal latino voleva dire imparare a ragionare. Non sapevamo ancora che riconoscere un ablativo assoluto ci avrebbe aiutato, un giorno, a leggere il manuale di un computer; ma intuivamo che una buona scuola superiore – non solo il classico – era la presciistica della mente. Alla prima discesa, avremmo scoperto che era tutto facile.

* * *

Al liceo-ginnasio A. Racchetti non esisteva alcun autoritarismo; ma c'erano alcune autorità. La prima era il preside (si chiamava Ugo Palmieri), e si trattava di un'autorità anomala. Aveva tre qualità: un nome corto, che rendeva inutili i soprannomi; una vista non eccelsa, che consentiva il transito abusivo sotto le sue finestre; e un figlio in classe con noi. Poiché Ugo era un uomo retto e non voleva favorirlo, ci favoriva tutti. Quando facevamo qualcosa di particolarmente incosciente, non ci aggrediva, come avremmo voluto, in modo da sentirci offesi e ricominciare da capo. Ci guardava, sorrideva, citava un filosofo spagnolo e tornava a confabulare con Pierino, segretario e campione di bocce.

Un'altra figura-chiave era il consigliere di corridoio, Francesco, inquadrato come bidello per motivi sindacali. Tifoso del Torino e lettore del *Giorno*, Francesco ci ha seguito dal ginnasio

al liceo allo scopo di sgridarci, spronarci, sorve-
gliarci e stritolarci, prendendoci per la clavicola
(aveva le mani di chi, in vita sua, era stato ma-
cellaio – un mestiere che non dovrebbe mancare, nel curriculum di chi affronta centinaia di
teen-ager allo stato brado). Lo affiancava Gianna, che aveva compiti assistenziali: secondo la
leggenda, anni addietro, aveva preparato l'acqua anti-isterica per le ragazze che attendevano
l'esame di maturità. Francesco e Gianna erano
orgogliosi di essere bidelli. Se, come si usa oggi,
qualcuno li avesse chiamati «personale A.T.A»
(amministrativo-tecnico-ausiliario), l'avrebbero
querelato.

Dalla cattedra, altri personaggi erano costretti ad assistere alla nostra euforica ricerca
di equilibrio interiore. C'era l'insegnante di latino e greco che fumava molto, parlava come Mar-
lene Dietrich, ed era bravissima: dava l'impressione di lasciar fare quello che volevamo noi, ma
alla fine quello che volevamo noi era quello che
voleva lei (è stata poi sostituita da un giovane
studioso che trovava sconvenienti alcune sen-
suali traduzioni di Ovidio, e le neutralizzava
con abili perifrasi). C'era la professoressa d'italiano, che mi aveva preso in simpatia e anch'io,
passando sopra le sue maniche a sbuffo, trovavo gradevole. C'era una giovane insegnante di
matematica che solidarizzava vistosamente con
i nostri eccessi. C'era il professore di scienze, conosciuto come don Cellula, partito poi missiona-
rio in Sudamerica (ci siamo sempre chiesti se
averci frequentato possa aver accelerato la decisione). C'erano, infine, un architetto che doveva
spiegare la storia dell'arte a una classe che la
voleva imparare, ma non allora; un filosofico in-

segnante di ginnastica e un atletico professore di storia e filosofia. Si chiamava Ambrogio Alberti: ci sparava addosso il cancellino con mira infallibile, centrava il cestino della carta straccia da dieci passi e non aveva rivali nel balzo dalle scale (saltava fino a dodici gradini). A uno studioso di Blaise Pascal potrebbe dispiacere essere ricordato per queste cose. Ma sappia che, se lo abbiamo ascoltato mentre ci illustrava la scommessa sull'esistenza di Dio, è perché s'era guadagnato il nostro rispetto atletico.

* * *

Non c'erano soltanto le persone, a regolare le nostre vite. C'erano anche le macchine. La più sporca, la più imperfetta, la più goffa – e la più importante – era il ciclostile.

Non sottovalutate il ciclostile. È il papà della fotocopiatrice, l'arnese con cui molti italiani hanno scoperto, qualche tempo dopo Gutenberg, i vantaggi della stampa. La generazione che ci ha preceduto – quella che ha fatto il '68 (o dice di averlo fatto, anche se stava seduta in fondo a una stanza affollata a mangiarsi le unghie) – lo adora. Mostrate a un sessantottino l'inchiostro viola di un volantino con la scritta «ciclostilato in proprio», e si commuoverà. Se ha fatto molta attività politica, quel profumo – carta scadente, inchiostro impuro – gli sembrerà inebriante.

Noi abbiamo scoperto il ciclostile in ritardo, intorno al 1972. Non era migliorato. Sporcava molto; e produceva una stampa di qualità infima, dove le «e» e le «o», gonfie di inchiostro, diventavano indistinguibili. La matrice veniva impressa scrivendo con la macchina senza nastro (oppure con un punteruolo, che dava ai titoli e ai disegni dell'epoca un carattere primitivo), e poi inserita nel rullo, che andava girato a mano. Un'operazione, questa, che solo Francesco il bidello era autorizzato a svolgere. Quando partiva per la missione, lo guardavamo ammirati. Poi lo sentivamo: dal seminterrato salivano cigolii sinistri.

Per qualche anno, prima di tramontare, il ciclostile ha convissuto con la fotocopiatrice. Nell'Italia austera del '74, per questioni di costi, le fotocopiatrici non erano macchine politiche (lo sarebbero diventate nella Cina dell'89). Erano, invece, strumenti didattici, gerarchicamente superiori al ciclostile: una ricerca per la maturità si fotocopiava, un comunicato si ciclostilava. I primi modelli erano oggetti enormi, con forme e tasti grotteschi: più che macchine da ufficio, sembravano le protagoniste di un racconto di Buzzati. Puzzavano quanto i ciclostile (una puzza diversa), usavano carta rosacea e bevevano una quantità industriale di liquidi dai colori improbabili. Producevano copie in grigio e nero. La qualità della stampa era tanto scadente che i fogli sembravano essere stati abbandonati alla pioggia. Qualche volta era vero, ma non sempre.

* * *

Nel 1974 Mita Medici è la soubrette di *Canzonissima*, Sabina Ciuffini appare su *Playboy* e sulle spiagge, importato dal Brasile, arriva un costume detto «tanga». A Crema, dove non esistevano le spiagge, ma avevamo le edicole e il televisore, abbiamo subito notato che c'era qualcosa di insolito nell'aria. Non la chiamerei rivoluzione sessuale, perché come rivoluzionari eravamo troppo galanti e indecisi, ma di certo la questione ci interessava. L'ora di religione, per esempio, era una versione etica del processo di Biscardi: urlavamo tutti insieme, mentre don Carlo cercava di parlare alle nostre menti, dimenticando che per noi spesso gridavano gli ormoni. Non dicevano cose irragionevoli: semplicemente, annunciavano la propria esistenza. C'erano, in sostanza, alcune cose che non vedevamo l'ora di fare, ma non ci pareva giusto farle e basta: da bravi alunni del liceo classico, cercavamo una base teorica su cui appoggiare i nostri istinti.

Quando l'aspetto dottrinale era sistemato, rimanevano alcune questioni pratiche che non esiterei a definire gigantesche. La lunga marcia – gli anni del ginnasio – era finita; e alcuni degli esperimenti che avevamo in mente richiedevano un tetto sulla testa: un portone non bastava. Ecco spiegata l'enorme popolarità della «cantina», che non era un termine generico per indicare un locale bohèmien. Le nostre cantine erano proprio cantine. Moralmente, climaticamente, catastalmente. Quando Lucio Battisti cantava «...e la cantina buia dove noi / respiravamo piano» (*La canzone del sole*), descriveva una situazione reale: se avessimo respirato forte tutti insieme, avremmo esaurito l'aria.

La città, nella prima metà degli anni Settanta, era un'unica, vasta catacomba. Nei sotterranei di palazzi e condomini una nuova razza sostituiva i gatti e i topi: gli studenti. Vi chiederete: perché i proprietari – molti dei quali avevano scarsa dimestichezza con la cultura underground – accettavano che sotto i loro piedi avvenissero scene di moderata seduzione al ritmo dei Black Sabbath? Be', innanzitutto non conoscevano i particolari (anche se ho il sospetto che li immaginassero); e poi alcuni dei seduttori, o dei disc-jockey, erano figli e nipoti. Quando ci presentavamo con aria angelica, chiedendo l'uso della cantina, di solito gli adulti finivano per cedere: l'idea che i locali venissero ripuliti, unita all'illusione di averci sotto controllo, risultavano decisive. Accadeva invece che fossimo sì sotto; era il controllo che mancava, anche perché pochi genitori avevano la vocazione alla speleologia, e non se la sentivano di avventurarsi in quelle catacombe pop.

Il nostro gruppo aveva vagliato alcune possibilità. La cantina di casa Severgnini era stata scartata: troppo grande, e poi c'era il tavolo da ping-pong. I sotterranei di alcuni antichi palazzi del centro sarebbero stati adatti – scarsamente illuminati, abbastanza insalubri – ma i padroni di casa avevano figlie femmine, ed erano (giustamente) sospettosi. La scelta è caduta, alla fine, su una villa d'inizio secolo, appena fuori dal centro. Dopo il trattamento, la cantina si presentava così: tavolo e sedie, luci soffuse, poster, un divano di terza mano, un separé dall'aspetto inequivocabile, cuscini in quantità industriale e un catenaccio all'ingresso.

Insieme ai cuscini – i letti erano vietati per disposizioni superiori – l'oggetto-chiave era lo stereo. Di solito era color legno, sebbene non fosse di legno; portava la scritta High-Fidelity, anche se il suono non era fedele; e riproduceva long-playing (Lp), che però, in certe situazioni, non si rivelavano abbastanza lunghi. La soluzione era utilizzare un meccanismo che consentiva di mettere cinque dischi uno sull'altro, e farli cadere in successione. Il sistema garantiva circa due ore di musica, ma distruggeva i dischi, che dopo tre mesi assumevano un suono uniforme: i Camaleonti si distinguevano dai Pink Floyd solo leggendo l'etichetta che girava.

Il periodo delle cantine finiva con il liceo: la libertà consentita dalla vita universitaria rendeva inutile l'impegno fisico delle catacombe. Nuovi liceali, per qualche anno, avrebbero provveduto a tenerle pulite, e a cambiare le lampadine, in modo che l'illuminazione restasse più scarsa possibile. Il fenomeno è tramontato definitivamente all'inizio degli anni Ottanta, quando una nuova generazione di genitori ha cominciato a offrire ai figli l'uso di agghiaccianti, luminose tavernette, fornite di riscaldamento, elettrodomestici e assi per tagliare il salame. Non credo sia stata una mossa tattica da parte delle famiglie. È stato solo un disastro. Nella storia, succedono.

* * *

Se dal liceo Racchetti si salgono quattro gradini, si tagliano i giardini pubblici e si attraversa un ponticello, si sbuca in piazza Garibaldi. Piazza Garibaldi sta in fondo a via Mazzini, la via del passeggio, e davanti a porta Serio, da cui parte la strada per Brescia, l'estremo oriente dei cremaschi. Oggi piazza Garibaldi è un labirintico parcheggio, ma allora era un importante centro di vita sociale: in un angolo partivano le corriere, in un altro c'era la chiesa; in mezzo stava il bar Garibaldi.

Il Garibaldi era il doposcuola ideale, per un

liceale di buona famiglia. Lì imparavamo a giocare a boccette e a biliardo; a non perdere soldi a carte, guardando le facce di quelli che li perdevano; a mettere il braccio nel frigorifero dei gelati, e scegliere quello giusto al tatto; a capire le parolacce più elaborate, in modo da poterci offendere.

Il titolare di questo convivio era Ginetto, papà di Adriano, di gran lunga il più bello e atletico del nostro gruppo di amici (la prova: vendevo le sue fotografie alle ragazze). Benché studiasse ragioneria, in una serie di scuole da cui usciva sempre con risultati discreti e amici strepitosi, lo avevamo arruolato come straniero nella squadra del liceo classico, dov'era, tanto per cambiare, il migliore. Dimenticavo: nessuno, se non qualche parente, lo chiamava Adriano. Tutti lo chiamavano Koki. Era il tempo in cui gli amici si chiamavano con nomi di cani, eppure ci si voleva bene.

Se piazza Garibaldi era il Greenwich Village di Crema, Ginetto era il suo Allen Ginsberg. Aveva fissazioni poetiche: odiava, per esempio, la camomilla. Se qualcuno gliela ordinava, gli metteva in mano un biglietto azzurro da cinquecento lire e lo mandava al bar di fianco. Era incuriosito dai primi extracomunitari, ma si innervosiva se diventavano insistenti: una volta ha inseguito con un prosciutto un marocchino – per lui erano tutti marocchini – perché, ha spiegato, «non sopportano la carne di maiale». Ginetto amava le scommesse: non per questioni di denaro, ma di prestigio. Una volta ha detto che sarebbe stato in grado di lanciare per aria e riprendere al volo una tazzina piena di caffè, con piattino, cucchiaino e bustina di zucchero, senza rovesciarne una goccia. Al momento della prova, con la gente intorno che voleva vedere, ha aperto la ghiacciaia, ha tirato fuori il tutto congelato, l'ha lanciato, l'ha ripreso e ha vinto la scommessa.

Quando non commentava le gare di sci e non disapprovava ad alta voce le attività dei figli (il primogenito sapeva preparare il caffè all'indietro, senza togliere gli occhi dal cliente), Ginetto amava tenersi al corrente delle vicende degli avventori fissi, che – lo capivamo anche a diciassette anni – costituivano una compagnia teatrale, dove ognuno aveva un ruolo: c'erano il bonaccione e il giocatore, lo sportivo e il giullare, il bevitore e il seduttore. Ginetto, da grande regista, dirigeva tutti, e metteva in scena lo spettacolo del giorno: in quanto amici del figlio, noi eravamo autorizzati a far da coro. Se la sera prima, nella nebbia, un cliente in motorino aveva mancato il varco di porta Serio e si era schiantato contro le semicolonne ioniche, Ginetto ne faceva un rappresentazione tragica alla quale anche il malcapitato, fasciato, doveva partecipare.

Per consolidare la propria autorità all'interno del Garibaldi, Ginetto ricorreva ad alcuni stratagemmi. Tra questi il telecomando, già a quei tempi il simbolo del potere: solo lui aveva il diritto di maneggiarlo, anche perché nessuno sapeva esattamente cosa fosse. Era un oggetto di una semplicità commovente: una mattonella nera con sei grossi pulsanti, più volume e luminosità; la stazione più esotica cui permetteva di accedere era la televisione della Svizzera italiana. Ricordo che, quando è arrivato, il telecomando non è stato mostrato subito alla folla: Ginetto lo nascondeva sotto il bancone, e costringeva la platea a gridare a squarciagola: «SVISSE-RAAA!» (doppia «s», tripla «a»). Poi, di nascosto, premeva il pulsante. Per settimane, i clienti del bar Garibaldi hanno pensato che i canali, come le mogli, cambiassero dopo un urlo. Altri tempi, altri televisori, altre mogli.

Grande

L'importanza dell'estate
1975

Quando il traghetto, al termine della notte, si avvicinava alla Sardegna, alzavamo il naso per sentire il profumo. L'importante era non farsi notare. A diciotto anni sono ammesse battute e parolacce; non la poesia dell'alba sul mare. Gelosi del nostro segreto, restavamo a guardare la costa che prendeva contorno, mentre l'odore umido del ponte cedeva il posto a quello fresco della terra, e i passeggeri delle cabine comparivano reggendo cappuccini in tazze di plastica, e camminavano tra schiere di corpi immobili nei sacchi a pelo.

Per anni siamo arrivati in Sardegna in quel modo. Viaggio in Vespa lungo le statali, imbarco a Genova, posto-ponte sul traghetto per Olbia, il che voleva dire dormire su un divano tra sconosciuti che giocavano a ramino; oppure sdraiati tra selve di piedi, in compagnia di matrone sarde che tornavano dalla prima visita in continente. Abbiamo continuato a viaggiare così anche quando potevamo permetterci una cabina. Era un rito efficace, pieno di un'euforia inconfessabile. Era l'inizio della scomodità; quindi, della vacanza.

In quanto a scomodità, i traghetti degli anni Settanta erano imbattibili. Non erano disastrosi: solo spartani, igienicamente approssimativi, e del tutto disinteressati al comfort dei passeggeri. I quali non dovevano protestare, bensì ringraziare il cielo di aver trovato posto: per andare in Sardegna da Genova, vent'anni fa, esisteva poca scelta (Tirrenia, Canguro) e il personale di bordo lo sapeva. Nella tavola calda — «tiepida» sarebbe stato un aggettivo più appropriato — ragazzotte irascibili servivano insalate di frutti di mare dall'aspetto gommoso. Nel bar-discoteca, turgido di velluto rosso, le famiglie tedesche prendevano posizione un'ora prima della partenza; dietro il banco, camerieri bellicosi producevano acqua scura e gridavano «Caffè!». All'alba, individui misteriosi, con grazia da secondini, picchiavano sulle porte delle cabine con tale violenza da svegliare anche chi dormiva sul ponte. La Tirrenia del 1975 era industria di stato galleggiante: non si poteva protestare; semmai, rallegrarsi che galleggiasse.

Le nostre Vespe, giù nel garage, erano impressionanti: i marinai lasciavano capire che, ai loro figli, non avrebbero consentito di viaggiare in quel modo. Portavamo una tenda sul portapacchi posteriore, una sacca sul portapacchi anteriore, un'altra borsa tra le gambe; qua e là spuntavano fucili subacquei e racchette da tennis. Il bagaglio instabile e zingaresco aveva un'attenuante: la scarsa velocità. Non più di novanta chilometri l'ora, comandava il bollo rosso sulla carrozzeria, annunciando la solita regola italiana definitiva, valida per la stagione in corso. Novanta all'ora, in quelle condizioni, erano tuttavia sufficienti a provocare sbandamenti. Di solito, perciò, portavamo il casco. Non in Sardegna, però. Scesi dal traghetto, viaggiavamo seminudi con i capelli al vento. Non spiegavamo la nostra incoscienza: avremmo dovuto ammettere che l'odore dell'aria era troppo buono.

* * *

La nostra destinazione era Rena Majore, un villaggio turistico sulla costa della Gallura, sette chilometri a ovest di Santa Teresa. I miei genitori ci lasciavano utilizzare una casetta, tre stanze e un bagno, che diventava la centrale operativa della nostra estate. Lì dormivamo poco, mangiavamo molto e bevevamo birra sarda marca Ichnusa: i vuoti andavano ad allinearsi sul terrazzino posteriore, come i soldati di terracotta dell'esercito cinese. Erano gli anni della contabilità: c'era sempre qualcuno che sapeva quante erano le bottiglie bevute, le ore dormite, i chilometri percorsi, i pesci pescati, le partite vinte e le ragazze incuriosite non dalla nostra poetica magrezza, ma dalla rappresentazione che una banda di diciottenni mette inevitabilmente in scena.

The lads, ci avrebbero chiamato gli inglesi: quelli che funzionano in gruppo. C'erano ruoli, copioni e tormentoni a uso interno, come nel film *Ecce Bombo*: doveva sembrare una recita un po' stucchevole, vista da fuori; ma a noi, da dentro, pareva esilarante. Usavamo un lessico bizzarro: quell'estate, per esempio, la parola per indicare un tipo bonariamente malintenzionato – ognuno di noi – era «lutro» (mai saputo da dove venisse, né che fine abbia fatto). Allestivamo sceneggiate: Paolo detto il Mago arrivava in spiaggia, si sedeva sulla sabbia, alzava gli occhi

143

al cielo e sbraitava ordini alle nuvole: la gente si raccoglieva intorno, soprattutto quando le nuvole sarde sembravano obbedirgli.

Queste vicende venivano raccontate, abbellite, ricamate e raccontate di nuovo, aggiungendo sfumature e particolari, finché la realtà dei fatti – che non interessava a nessuno – si stemperava. Spesso, a traghettare nel nostro mito privato, erano episodi cruenti. C'era chi, imitando una ginnasta sull'asse, era atterrato seduto sul portafiori del terrazzo. Chi aveva cercato di aggiustare lo sciaquone salendo sul bidet, che si era aperto come un'albicocca, squarciandogli il polpaccio. Chi era scivolato in Vespa sullo sterrato, ed era stato arrotato dalla moto che seguiva. Chi si era scontrato con una Renault e aveva avuto inspiegabilmente la meglio.

Quando non eravamo impegnati a farci male da soli, lo facevamo in gruppo, attraverso qualche sport. C'era il calcio rudimentale da sabbia, causa di contusioni. C'era la pallavolo da spiaggia, antenata del beach-volley, fonte di abrasioni. C'era la pesca in apnea: scendevamo reggendo un fucile a molla, e risalivamo con cinque punture di riccio e un pesciolino dall'aspetto rassegnato, che fino all'ultimo non voleva credere che qualcuno potesse sparargli. C'era, infine, il tennis. A Rena Majore, ogni estate, veniva organizzato un torneo, ben più anarchico di quelli del Tennis Club Crema. Gli incontri si disputavano su due campi di cemento sconnesso, posti in una sella tra i monti dove il maestrale si infilava deciso. Dominavano un gruppo di quarantenni belgi, ma davamo loro filo da torcere. Si giocava al tramonto, nel vento, col sole negli occhi: la pallina rimbalzava dove voleva, e non c'era traccia di serenità o di fair-play. Era bello vincere rabbiosamente e perdere drammaticamente. A diciott'anni, quel che conta è l'avverbio.

* * *

Quando pensano alla gioventù, gli adulti non ricordano gli anni. Ricordano le estati e gli amori (se le cose coincidono, siamo nel campo delle estati indimenticabili). Anche per noi la questione sentimentale rivestiva un'importanza fondamentale; in materia, possedevamo ormai discrete conoscenze tecniche, ed eravamo ansiosi di metterle alla prova. Non eravamo né brutali, né volgari: i nostri stimoli erano invece intellettuali, e la spiaggia di notte costituiva un accorgimento letterario.

So che si tratta di un'ammissione impegnativa, e molti coetanei vorranno smentirmi, ricordando di non aver mai guardato il bikini di una bella ragazza di Genova senza le necessarie cattive intenzioni. Ma li invito a essere onesti. Capisco che il romanticismo precoce sia difficile da confessare; eppure, di questo si trattava. Niente a che fare con il sentimentalismo. Piuttosto, un effetto collaterale dell'estate.

Eravamo affascinati da molte cose; a cominciare dal buio. Era un buio diverso da quello sperimentato con gli scout; questo era privato, e meno umido. La Sardegna del '75 ne forniva in abbondanza: le luci erano poche, e quelle poche erano spesso rotte. I sette chilometri tra il villaggio e Santa Teresa erano un unico rettilineo, che saliva e scendeva tra la costa e la montagna.

Di giorno aveva qualcosa di americano: le automobili scintillavano in un paesaggio senza case, e i furgoni dei contadini uscivano traballando dagli orti. Di notte, la strada diventava un tunnel; noi lo percorrevamo in Vespa, indovinando la direzione alla luce fioca del fanale. Le salite e le discese si intuivano dalla velocità, che scendeva (in salita) e saliva (in discesa). Il mare, dal rumore. Quando lo sentivamo a sinistra, stavamo andando; quando era a destra, stavamo tornando. Dai campi saliva il profumo violento del cisto; da dietro, arrivava quello dolce delle passeggere, strette a noi più per prudenza che per passione.

Tutto ci affascinava, delle nostre amiche. Le cautele e il silenzio, i gusti e i vestiti, le voci e le città di provenienza. Luoghi come Parma o Ferrara diventavano evocativi; un accento come quello di Siena o di Roma spalancava le porte di un mondo. Molti di noi erano stati a Parma o a Roma; qualcuno addirittura a Parma e a Roma. Sapevamo come parlava la gente; ma la voce di una ragazza nel buio aveva un suono diverso.

Giorno dopo giorno, sera dopo sera, gelato dopo gelato nella piazzetta simil-messicana di Rena Majore e in quella sabauda di Santa Teresa, la nostra Italia personale si andava componendo come un puzzle. Si scambiavano indirizzi e si mettevano le basi per future visite invernali (treno, seconda classe); qualcuno iniziava una corrispondenza fatta di cartoline scritte fitte. Anche per questo i concittadini, in vacanza, tendevano ad ignorarsi: l'incontro sarebbe stato troppo impegnativo, da un lato, e troppo banale dall'altro.

Le bande di ragazzi italiani – il cemento del futuro sentimento nazionale, quel poco che c'è – occupavano grandi appezzamenti di spiaggia. C'erano coppie, crocchi, borse, sacche, tende, coperte colorate, qualche seno chiaro. Se l'impressione cromatica faceva pensare a una tribù nomade, i comportamenti erano simili a quelli di una colonia di leoni marini. I giovani maschi si sfidavano sulla battigia, le femmine stavano a guardare pigre. I piccoli venivano ignorati (leggi: i fratellini non erano i benvenuti). Ogni tanto, come a un segnale misterioso, l'intero gruppo si buttava in mare, per riemergere grondante e chiassoso, pochi minuti dopo. Un etologo che avesse osservato quei rituali, appollaiato su una roccia, avrebbe tratto conclusioni interessanti. Ma non c'erano etologi, sui graniti di Rena Majore. Solo mamme e patelle, entrambe serene e silenziose.

* * *

I diciott'anni erano, e probabilmente sono rimasti, un'età artigianale. Il desiderio di costruirsi una vita su misura, unito all'illusione di poterlo fare, produce una serie di fenomeni interessanti. Chiamiamola irrequietezza costruttiva, per semplicità. I genitori osservano benigni. Gli insegnanti non interferiscono. Gli amici collaborano. Perfino le ragazze capiscono che, per qualche tempo, è il caso di tirarsi da parte. La falegnameria della vita è affare serio: meglio lasciar fare, e giudicare il mobile finito.

L'estate era un laboratorio perfetto. Superata la maturità – la cui tensione teatrale c'era piaciuta, al di là dei lamenti di circostanza – intendevamo impiegare bene i mesi che ci separavano dall'inizio dell'università. Tornati dalla spiaggia, volevamo metterci alla prova. Dopo la vacanza, sognavamo un viaggio. Si trattava di scegliere dove andare. A sud eravamo appena stati; a est c'erano troppe frontiere; a ovest, troppo poche. Restava il nord, che per un diciottenne lombardo non era la Svizzera – come sosteneva papà – bensì la Scandinavia.

Volevamo andare a nord, dunque, ma volevamo complicarci, per quanto possibile, la vita. Il mezzo per farlo aveva una marca rassicurante – Volkswagen – e un nome bizzarro: Plinio. Non era quello dell'autore latino, ma dell'attore (maschio) che interpretava la parte della figlia (femmina) del ragionier Fantozzi: non so perché l'avessimo appioppato a un pulmino, ma a diciott'anni i motivi sono un optional. Nell'estate del 1975, Plinio – il pulmino, non l'attore – era già vecchio: aveva lavorato per anni in un'azienda elettrica, portando operai e cavi nei cantieri; il contachilometri segnava 83.666, ma a quella cifra andava premesso un 1.

Non ci siamo lasciati impietosire. Per dieci giorni, tornati dal mare, lo abbiamo torturato. Abbiamo smontato i sedili posteriori per installare un letto doppio di compensato (chiamarlo «matrimoniale» ci sembrava improprio). Abbiamo appeso all'interno, e collegato all'autoradio, due altoparlanti sottratti a un giradischi. Abbiamo imbullonato sul tetto un portapacchi color salmone, protetto da un telone verde, i cui ganci elastici, nel corso dei preparativi per la partenza, schizzavano qua e là. Nel bagagliaio abbiamo stivato:

Pasta (46 scatole, di cui 22 rigatoni, 13 nidi di rondine, 6 farfalle, 2 bucatini, 3 tagliatelle)
Spaghettini (50 scatole)
Pelati (diciannove confezioni)
Piselli (due cartoni)
Funghetti sott'olio (ventidue vasetti)
Carne in scatola (due cartoni)
Filetti di sgombro (quattro vasetti)
Tonno con verdure (otto scatole)
Tonno (undici scatole)
Latte condensato (dieci scatole)
Zucchero (sei chili)
Biscotti (nove scatole)
Macedonia (nove confezioni)
Marmellata Colli Euganei (quattro cartoni)
Pesche sciroppate Mirandolina (innumerevoli)

Infine abbiamo saldato alla scocca una cassaforte a muro, regalo di un muratore che frequentava il bar Garibaldi, il quale l'aveva recuperata nel corso di una demolizione. L'oggetto, a parte il peso e l'ingombro, poneva un problema: era stato concepito per operare in verticale, e noi l'avevamo deposto in orizzontale. Non disponeva neppure di una maniglia, ma solo di una lunga chiave. Ciò rendeva l'apertura avventurosa: quando la chiave si sfilava, la porta d'acciaio cadeva come una ghigliottina sul polso dell'altra mano, intenta a rovistare all'interno. Se abbiamo speso poco, durante il viaggio, è stato perché i soldi stavano in cassaforte, e noi cercavamo di aprirla il meno possibile.

Abbiamo discusso a lungo se era il caso di darsi una meta. Abbiamo concluso di sì: a patto che avesse un bel nome. Alla fine, la scelta è caduta sul Circolo Polare Artico. Il termine era impressionante quasi come Capo Nord, ma il viaggio era meno impegnativo: un particolare, questo, che sarebbe sfuggito a molti di coloro che intendevamo impressionare. Saremmo saliti attraverso l'Austria e la Germania; avremmo preso un traghetto per la Finlandia; saremmo tornati via Svezia, Norvegia, Danimarca, Olanda, Belgio e Francia. L'itinerario era studiato in modo da capitare per caso nelle città di residenza delle nostre conoscenze. Nei posti dove non conoscevamo nessuno, contavamo sul fascino e sulla fortuna. Se il primo era tutt'altro che certo, quest'ultima non ci avrebbe abbandonato.

Siamo partiti, e al Brennero ci sentivamo già veterani. Ci affascinava la distanza; la progressione del contachilometri aveva su di noi un effetto ipnotico. Uno guidava, e cinque lo guardavano, aspettando il turno. Alle frontiere, compravamo un adesivo da incollare sulla portiera. Ogni mille chilometri, festeggiavamo l'avvenimento con una sosta e una fotografia, di solito nei punti più pericolosi delle autostrade. Su un quaderno segnavamo il percorso, i pieni di benzina, i consumi d'olio; nonché le spese, i pernottamenti e le scorte – comprese quelle della frutta sciroppata Mirandolina, che non calavano mai.

Non viaggiavamo per arrivare; viaggiavamo per ripartire. Le soste avevano sempre uno scopo pratico: cambiare i traveller's cheques; trovare un meccanico che sapesse interpretare i malori di Plinio; recuperare un fabbro per rinforzare le saldature della cassaforte. Ci siamo fermati solo davanti al mare, che aveva i colori opachi del porto di Travemünde. Lì abbiamo comprato i biglietti per Helsinborg, Svezia, invece che per Helsinki, Finlandia. Corretto l'errore, che ha sconvolto le impiegate della compagnia di navigazione, siamo saliti a bordo.

La prima giornata sul mare l'abbiamo trascorsa osservando i passeggeri che prendevano d'assalto il bar. Nella pianura padana non accadevano quelle cose. Era un assalto a ondate, uno spettacolo cadenzato e potente che avrebbe ispirato un compositore. Se Richard Wagner fosse stato imbarcato sulla motonave «Finlandia», in rotta da Travemünde a Helsinki via Copenaghen, avrebbe aggiunto un'opera alla tetralogia dei Nibelunghi. Un titolo come *Die Walküre am Duty Free* gli avrebbe, forse, assicurato uno sponsor.

Tra le non molte persone che, nelle due notti della traversata, hanno sempre camminato con le proprie gambe, c'erano un rappresentante biellese di lavasecco, accasato con una finlandese; due ragazze di Joensuu, cui non sarebbe dispiaciuto accasarsi con degli italiani; un'anziana turista danese che ci odiava, e ha cercato di picchiarci con una chiave; e una simpatica famiglia finnica che, dopo qualche birra, ci ha invitato a Kolmiranta, una località su un lago a poca distanza da Helsinki. Là – ci ha spiegato il capofamiglia – avremmo potuto sperimentare la sauna.

All'inizio abbiamo sottovalutato l'insidia. Il luogo era incantevole, la casa profumava di resina e il lago era idilliaco: sull'acqua scivolavano papere e canoe; sulle sponde, campeggiatori finlandesi e tedeschi gareggiavano a chi era più ordinato. Rimaneva la sauna. Sono bastati pochi minuti per capire quanto segue: gli indigeni entravano nudi; la temperatura era cento gradi; cento gradi erano tanti; poiché loro li considera- vano pochi, gettavano mestoli d'acqua sulla bra- ce, che emetteva furibonde vampate di calore; siccome non soffrivano abbastanza, si frustava- no a vicenda con rami di betulla.

Al termine di questa ordalia, il padrone di casa ci ha imposto di buttarci nudi e fumanti nel lago, sotto gli occhi di moglie e bambine. Abbia- mo temuto che la combinazione di caldo, freddo e imbarazzo potesse rivelarsi letale; e, a di- ciott'anni, la cosa ci dispiaceva. Non è stato co- sì. Sopravvivere è stato entusiasmante, ed eventuali rossori sono stati attribuiti allo sbal- zo di temperatura. Partendo, in segno di ringra- ziamento, abbiamo cercato di regalare dieci ba- rattoli di pesche sciroppate alla padrona di ca- sa, ma il tentativo è andato a vuoto.

Lasciata Helsinki, ci siamo diretti verso oriente, puntando sui luoghi i cui nomi ci dicevano qual- cosa. Siamo andati a Lapperanta perché ce l'a- veva consigliato l'uomo delle lavasecco; a Joen- suu perché conoscevamo due ragazze, e spera- vamo potessero presentarcene altre quattro; a Savonlinna perché il nome ci faceva ridere; a Imatra perché c'era un circuito automobilistico, e si vedeva la Russia. L'acqua ci perseguitava: pioggia dal cielo, strada bagnata, laghi dovun- que. In quelle condizioni, non avevamo voglia di montare le tende. Cercavamo invece gli ostelli della gioventù, che però erano sempre occupati da tedeschi che avevano smesso d'essere giova- ni da tempo, ma avevano un tesserino che pro- vava il contrario.

Finivamo perciò in campeggi dotati di capanne, dentro le quali quattro di noi potevano dormire. Due restavano nel furgone, con un doppio vantaggio: facevano la guardia, e risparmiavano. L'assegnazione dei posti avveniva attraverso un briscolone notturno. Le urla indignate dei perdenti lasciavano allibite le fanciulle indigene invitate con la scusa degli spaghetti. Intorno a mezzanotte – in piena luce, considerata la latitudine – chiedevano educatamente di essere accompagnate a casa. Uno di noi si metteva a disposizione. Dieci minuti dopo era già tornato indietro, stupidamente felice, pronto a finire la mano di briscolone.

Salire verso il Circolo Polare Artico presentava alcuni problemi pratici, cui le vacanze in Sardegna non ci avevano preparato. Le notti erano brevi, e le tendine vezzose di cui era dotato Plinio potevano poco contro la luce del nord. Le mattine erano fredde, e ci sorprendevano sigillati come sottaceti dentro i sacchi a pelo. Le giornate di viaggio erano soffocanti, per chi riusciva ad accaparrarsi uno dei posti davanti, dove il riscaldamento funzionava in maniera forsennata; oppure gelide, per chi finiva nei posti dietro, dove il soffio dell'aria calda non arrivava. Infine, la gente che incontravamo durante le soste – benzinai e camerieri, campeggiatori e negozianti, poliziotti e commesse – parlava solo finlandese, una lingua che a noi sembrava simile a un dialetto Apache (*maitoa*, latte; *leipää*, pane). Da principio, la cosa era divertente; poi si è fatta desolante. L'idea di entrare in un bar di Kajaani e far colpo con la nostra simpatia latina, era patetica. Gli avventori ci guardavano con l'interesse che

avrebbero riservato a una renna, e si rimette-
vano a bere.

Così, ripartivamo. La strada per il nord era,
per lunghi tratti, sterrata. Questo provocava le
proteste di Plinio, che emetteva lamenti quasi
umani; dal baule, pesche sciroppate e tonno
con verdure rispondevano, lugubri. Arrivati
con la pioggia a Rovaniemi, in Lapponia, siamo
andati in cerca di un ostello della gioventù: volevano tredici marchi a persona, circa duemila
lire, e siamo fuggiti inorriditi. Siamo finiti così
nel solito campeggio, dove abbiamo preso alloggio nella solita capanna in grado di ospitare
due finlandesi robusti o quattro italiani magri.
Il giorno dopo, percorsi gli ultimi chilometri,
siamo arrivati al cippo che segna il Circolo Polare Artico. Lì ci siamo fotografati a vicenda,
cercando di assumere un'espressione abbastanza esausta.

Era il momento di invertire la marcia. Ci
aspettava un lungo viaggio: saremmo scesi lungo la costa della Svezia; saremmo passati da
Luleå, che ci affascinava per via di quel pallino
sulla «a», e poi da Sundsvall, che ci sembrava il
nome di un tennista. A Stoccolma avremmo ta-
gliato a occidente, verso Orebro e Oslo. Dalla
capitale norvegese saremmo saliti sul traghetto per la Danimarca, dove avremmo conosciuto
gli ultimi ubriachi scandinavi che dormivano
sdraiati in una foresta di slot-machine.

Bello, ma era il ritorno. Qualcuno, con noncuranza, ha fatto notare che in cambusa avevamo ancora dozzine di barattoli di pesche sciroppate: per consumarli tutti, avremmo dovuto
compiere due giri del mondo. Volevamo davve-

ro riportarli a casa? A quella domanda, siamo partiti. Uno dopo l'altro, concentrati come discoboli, abbiamo cominciato a lanciarli in un lago accanto alla strada. Eravamo abbastanza intelligenti da vergognarci di quell'azione: c'era qualcosa di vandalico nell'avvicinarsi a un incantato laghetto lappone e bombardarlo di barattoli. Come negarlo, tuttavia: producevano un tonfo magnifico.

Uno tre uno, uno tre otto
1976

Dell'università di Pavia ricordo il bar. Sembrava quello di una stazione polacca, soltanto che non partivano treni, e i polacchi, se c'erano, si nascondevano bene. Il bar stava sotto un portico, aveva un'insegna al neon ed era pieno a tutte le ore. Ci si fermava poco, perché i quattro tavolini rotondi erano perennemente occupati da gruppi di studentesse che cinguettavano e profumavano di fondotinta. Erano sempre le stesse: sospettavo passassero la notte sul posto, per non mollare la posizione. Frequentavo irregolarmente il bar dell'università, anche perché frequentavo irregolarmente l'università. Ma, la mattina degli esami, non mancavo mai. Entravo, e ordinavo un cappuccino con una pastafrolla a forma di otto, ricoperta per metà di cioccolato, di evidente produzione industriale. Non era granché, la pastefrolla al cioccolato, ma l'avevo assaggiata in attesa del primo esame, che era andato bene. Da quel momento, mi sono sentito costretto a proseguire nel rituale. Ventidue esami, ventidue pastefrolle industriali. Quando mi capita, nel bar di qualche stazione, di assaggiare qualcosa di simile, mi torna in mente l'università di Pavia. È il destino di una generazione: le nostre *madeleines* erano prodotte in serie.

La pastafrolla non era l'unico rito scara-
mantico. C'erano anche i pantaloni scampana-
ti di velluto verde, anch'essi associati al primo
esame e indossati fino alla laurea. Altra scelta
discutibile: i pantaloni erano, infatti, di tessuto pesante. Quando l'esame cadeva d'inverno,
andavano bene. Quando avveniva d'estate, i
chiostri dell'Alma Ticinensis Universitas vedevano passare un individuo che, a giudicare dal-
l'abbigliamento, poteva aver sbagliato emisfe-
ro. Solo Alessandro Volta, la cui statua domina
uno dei cortili, era vestito in modo più inadat-
to. Non solo: i pantaloni di velluto tendevano a
consumarsi, e passavano di moda. Se nel 1976
la gamba scampanata rientrava in una discutibile normalità, nel 1981 – anno della laurea
in legge – era decisamente eccentrica. Ho ancora le fotografie, e non posso farmi illusioni:
più che un aspirante procuratore legale, sem-
bro uno zingaro romeno.

L'abbigliamento non era tuttavia il problema principale. La difficoltà, i primi tempi, era
capire il gergo e i meccanismi accademici –
che, come qualunque gergo e ogni meccanismo,
sono logici per chi li conosce, e arcani per tutti
gli altri. All'Opera Universitaria, per esempio,
non andavano gli appassionati di musica liri-
ca, ma gli studenti a comprare i buoni-mensa.
Per il presalario, non occorreva lavorare. Nei
seminari, nessuno pregava. E gli statini non
erano piccoli stati, come mi avevano insegnato
al liceo, ma i documenti necessari a sostenere
l'esame, e andavano ritirati nella segreteria,
accuratamente nascosta in fondo a un cortile
dietro Strada Nuova.

Alcune richieste erano ragionevoli: ci veniva imposto, per esempio, di presentare un piano di studi barrando le apposite caselle. Altre erano bizzarre: la segreteria pretendeva da noi il «diploma di studio prescritto in originale», che le scuole superiori si guardavano bene dal rilasciare. C'erano poi procedure normali, che tuttavia mi lasciavano turbato. Prendiamo la matricola, assegnata a ogni studente. Nessuno mi aveva mai chiamato con un numero, prima di allora: un paio di ragazze, tutt'al più, si erano concesse qualche libertà col nome di battesimo. Così, non riuscivo a ricordarla: portarmi dietro il libretto era patetico, e tatuarmi il numero sulla pelle mi sembrava eccessivo. Questo, fino alla laurea. Da quel giorno, la matricola è stampata nella mia niente: 131138 (uno tre uno, uno tre otto). Peccato non me ne faccia più nulla: è troppo lunga per la combinazione della valigia, e usarla per chiamare il gatto sarebbe un segno dell'età che avanza.

Per orientarmi nel dedalo pavese – che era un dedalo elementare, rispetto a Milano e a Roma, ma io non lo sapevo – utilizzavo diversi strumenti. Prima di tutto gli amici e le sorelle degli amici, che mi ospitavano in un appartamento frequentato da laureandi e fuoricorso, i quali apparivano a ogni ora del giorno e della notte, raccontando avventure mirabolanti. Un secondo strumento era un pieghevole turistico della città, scritto per ragioni misteriose in tedesco (*Die Universität ist eine der ältesten Hochschulen Italiens. Ein Edikt Lothars, 825, regelte das Studium in Pavia*). C'era poi la letteratura accademica: il programma dei corsi (ciclostilato, copertina gialla), e la *Guida dello Studente* (in brossura, copertina viola), che partiva dal principio – corretto – che le matricole non distinguessero il corso di laurea da corso Cavour, e perciò forniva informazioni come questa: «La facoltà di giurisprudenza prepara a) alla libera professione di procuratore legale, avvocato e notaio previa iscrizione all'albo professionale b) all'insegnamento nelle scuole secondarie c) a impieghi, mediante concorsi, nell'amministrazione pubblica d) a impieghi in aziende commerciali e industrie private».

Non mancavano notizie che mi apparivano bizzarre, come «la decadenza dalla qualifica di studente per i fuoricorso che non sostengono esami per otto anni accademici consecutivi»; o il fatto che la Clinica delle Malattie Infettive (facoltà di medicina) disponesse di «una biblioteca di 18 volumi» e, «per la ricerca didattica e scientifica», fosse attrezzata di:

- 1 Proiettore Rolly e accessori
- 1 calcolatrice Olivetti Logos 270
- 1 copiatrice elettrostatica Copygraph
- 1 Proiettore Sonoro Paillard con accessori.

Poiché mi ero appena iscritto a giurisprudenza, non dovevo preoccuparmi né della decadenza dalla qualifica di studente, né dell'impatto con quell'altissima tecnologia. Tuttavia la sera, sdraiato sul letto, non riuscivo a spiegarmi perche i Proiettori meritassero la maiuscola, mentre le copiatrici e le calcolatrici no.

La *Guida dello Studente* conteneva anche una mappa della città, sulla quale avevo tracciato una linea rossa che mi conduceva da casa – in via Sant'Agata, non distante dal Ticino –

fino in facoltà, passando per via Cardano, piazza del Duomo e Strada Nuova. A mano, avevo aggiunto l'ubicazione della gelateria da Cesare, del bar Vapore e della trattoria dei Previ in Borgo Ticino — i luoghi dove immaginavo si svolgesse l'eccitante vita universitaria rappresentata nei film americani.

Ci ho messo poco ad accorgermi che Pavia non era Berkeley. Non escludo che nei collegi cadesse qualche malinconico gavettone. Forse le mie compagne di corso sognavano di essere perseguitate dai ragazzi del quarto anno. Ogni tanto, la notte, qualcuno metteva le mutande alla statua della Minerva — convenientemente posta in piazza della Minerva, affinché anche il fuoricorso più tonto non potesse mancarla. Perfino noi matricole, tuttavia, capivamo che non c'era entusiasmo, in quei rimasugli goliardici. Scherzi e dispetti erano diventati un dovere. Non tutti se la sentivano: nel tempo libero, preferivano divertirsi.

***

L'Italia, da quando eravamo nati, era andata di bene in meglio: quel periodo segnava la prima battuta d'arresto. La situazione economica provocata dalla crisi energetica — inflazione al venti per cento, lira in caduta libera — suggeriva una sobrietà virtuosa. A Pavia arrivavo con una Fiat 127 nocciola (due milioni di listino, più schienali ribaltabili e lunotto termico). Viaggiavamo in quattro, dividendo le spese della benzina (cinquecento lire a testa). Un pasto in mensa costava seicento lire, più o meno come una pizza, da consumarsi in luoghi dall'arredamento desolante: porte a soffietto, serramenti cimiteriali, maschere e conchiglie alle pareti. Nel locale dove andavo più spesso, la pizzeria Toscana, ricordo una fotografia a colori del presidente Leone, ma forse si trattava di un'allucinazione provocata dall'odore di fritto.

Anche le nostre abitazioni erano approssimative. Come in altre città universitarie, i proprietari non si fermavano davanti a niente, quando c'era da riscuotere un affitto. Negli edifici del centro storico le ristrutturazioni avventurose abbondavano: c'erano camere che sembravano sgabuzzini, sgabuzzini che somigliavano ad anticamere, anticamere che erano state corridoi. C'erano monolocali troppo grandi, che un presalario non poteva riscaldare, e appartamenti-accampamenti frequentati da turbe di studenti greci. C'erano pensionati lugubri, dove gli studenti di medicina sospettavano di avere contratto tutte le malattie che studiavano. C'erano le case umide sul fiume e i condomini oltre la stazione, dove le studentesse raccontavano di vivere con un'amica (e poi nel bagno trovavi schiuma da barba e rasoio). C'erano, in ognuno di questi luoghi, scarpe abbandonate e un letto contro il muro. L'unico modo per capire se il padrone di casa fosse maschio o femmina, era osservare l'arredamento. Nel primo caso c'era un poster di Ornella Muti; nel secondo, una collezione di piccoli oggetti di nessun valore (animaletti, lattine), che ogni tanto crollava fragorosamente a terra, come metà delle nostre fantasie.

Era una questione di stile, oltre che di portafoglio. L'inevitabile conformismo dei ventenni, un po' di pudore e il buonsenso delle famiglie ci impedivano di avere case comode, di bazzicare i ristoranti e di guidare automobili che superassero i mille di cilindrata. La nostra discrezione era attenta; la nostra sciatteria, calcolata. Gli abiti non dovevano essere stracciati, come quelli dei nostri fratelli maggiori; dovevamo invece sembrare mollemente sciupati, come reduci da un viaggio in treno. Eravamo la generazione dei maglioni e della giacca a vento K-Way: volevamo essere provocatori ma rassicuranti, comodi e benvestiti, disinvolti ma prevedibili, eccentrici e accettabili. Vent'anni dopo, guardando le fotografie, mi sento di escludere che uno qualsiasi di questi scopi sia stato raggiunto.

Eravamo più originali quando ci toglievamo quegli abiti, in luoghi diversi da una palestra e in compagnia di un'amica che, nella circostanza, non aveva alcuna intenzione di giocare a pallone. Non sapevamo vestirci, in altre parole, ma sapevamo, all'occasione, spogliarci. Promiscuità era una parola che ci sembrava interessante. Non che la praticassimo: la vera ipocrisia della nostra generazione era dichiararsi sfrenata, e comportarsi in maniera normale. Leggevamo *Porci con le ali*, ma al cinema andavamo a rivedere *Love Story*. Ognuno di noi, in materia sessuale, aveva una gran confusione in testa, e disponeva di una morale *à la carte*. Si ragionava a lungo, e si sceglieva quello che si voleva – meglio, che si poteva. L'innamoramento (passeggero, fulminante, duraturo) era una giustificazione sufficiente; la sincerità, la bandiera con cui avvolgevamo i nostri istinti. Il nostro inno, e il riassunto di un'ideologia, erano le tre canzoni con cui Lucio Battisti ha dominato la hit-parade dal 1976 al 1978: *Ancora tu* (ovvero: fedeli, nostro malgrado); *Amarsi un po'* (avanti, che male c'è?) e *Una donna per amico* (per adesso; poi vediamo).

Naturalmente, come avviene da qualche decina di migliaia di anni, le nostre vite sentimentali erano costellate di speranze e progetti, illusioni e delusioni, sospetti e gelosie. Con impegno ammirevole cercavamo di mettere ordine in tutto questo, e far sì che il nostro comportamento rispondesse alle regole che ci eravamo imposti. In sostanza: le molle erano l'entusiasmo e l'attrazione fisica; l'imperativo categorico, la coerenza; il metodo era il ragionamento. Il risultato era affascinante. Era come se Cartesio e Kant avessero scritto i testi per Neil Young, e noi dovessimo cantare quella canzone.

***

Sesso a parte, a Pavia esistevano due modi di comportarsi male: il Bonarda e la politica. Qualcuno scriveva anche questa parola con la maiuscola, ma la cosa, già allora, mi sembrava eccessiva. Rispetto alla lotta politica del liceo, che aveva qualcosa di sportivo, quella universitaria mi è apparsa, da subito, subdola. C'erano manifesti eccitati, volantini illeggibili e assemblee dove parlavano sempre gli stessi, irridendo chi osava chiedere qualcosa di tanto banale come una votazione.

Per qualche mese ho assistito a questa messa in scena, convinto che rientrasse tra i doveri di una matricola. In fondo, i luoghi erano attraenti (aula del '400, aula foscoliana), la compagnia folcloristica e i discorsi piacevolmente sconclusionati. Poi, come molti altri, mi sono stancato. La contestazione del '68 era stata magari una ribellione contro l'autoritarismo e il conformismo; ma di sicuro ne aveva prodotto un altro, non meno odioso – ed era questo che noi ci trovavamo davanti, impersonato da fuoricorso spocchiosi, la cui assenza di dubbi ci lasciava perplessi, ed era eguagliata soltanto dalla mancanza di logica.

I più quieti si incontravano nei pressi del teatro Fraschini, dove le compagnie erano immancabilmente cooperative, e portavano nomi ideologici (Aperto, Collettivo, Libero, Uomo, Popolare, Tascabile, Insieme, la Fabbrica dell'Attore). Oppure si incrociavano in mensa, mentre scrivevano commenti sul fondo dei piatti (i cuochi, quando il commento era favorevole, li appendevano in cucina). Alcuni giovanottoni con i ray-ban, di idee politiche opposte, stazionavano di fronte al bar Demetrio. Non mi hanno mai impressionato: ho sempre pensato che gli occhiali scuri fossero un riparo per lo sguardo vuoto, e un modo di proteggersi dallo scintillio della vicina pellicceria Annabella, l'unico posto dove Pavia imitava Las Vegas, con risultati non impressionanti.

I più scalmanati si facevano chiamare «autonomi»: quasi a dire che, per mettersi nei guai, non avevano bisogno dell'aiuto di nessuno. Lanciavano molotov contro le librerie cattoliche e contro l'Arci, colpevole di aver organizzato un concerto dei Pooh. Chiedevano il prezzo politico per ascoltare Francesco De Gregori: gli veniva negato, e fracassavano quarantacinque vetrate a sassate. Alcune studentesse occupavano il collegio Castiglioni (non si capiva cosa occupassero, dal momento che in collegio c'erano già). Quattro studenti bivaccavano in rettorato. Due cugini venivano sprangati dietro il Policlinico e la cosa destava una certa impressione, perché erano parenti del portiere di riserva del Pavia.

La Provincia Pavese, il 3 aprile 1977, titolava in prima pagina «La città è tranquilla!», e in un certo senso aveva ragione. Rispetto a Bologna o Padova, Pavia era quieta come uno stagno. Il guaio è che anche gli stagni, all'epoca, erano agitati. Tra il 1976 e il 1978 anche chi non praticava la violenza esitava a condannarla, e molti adulti incoscienti stavano al gioco. Giampiero Mughini, nel suo libro *Il grande disordine*, scrive: «Quelli furono gli anni in cui ogni appartamento di studente fuori sede divenne un potenziale laboratorio per "bocce" e ordigni esplosivi». Per Pavia, fortunatamente, questa descrizione era eccessiva. Nelle case che frequentavo, le uniche esplosioni erano provocate dai tappi del Bonarda.

***

I professori si dividevano in categorie. C'erano i carismatici come Piero Schlesinger, ordinario di diritto privato, che otteneva attenzione con le pause. C'erano i flemmatici come Franco Mosconi, professore di diritto internazionale, che sembrava impossibile da stupire. C'erano i sanguigni e gli introvabili, gli accomo-

danti e gli indifferenti, gli esigenti e gli intra-
prendenti come Tiziano Treu, che teneva esami in coppia di diritto del lavoro – non ho mai
capito se fosse una questione di democrazia, o
di fretta.

In una categoria a sé stava un giovane do-
cente di procedura civile, che indossava giacche di velluto scuro e possedeva una voce
profonda da attore: le compagne di corso lo
ascoltavano rapite, e sospiravano. C'erano poi
gli assistenti, che a uno studente del primo
anno sembravano semidei, e facevano di tutto
per confermare questa impressione: le compagne di corso partecipavano ai loro seminari, e
sospiravano. C'erano infine i docenti di alcune
materie complementari, come sociologia o diritto delle Comunità europee, che si sentivano
lusingati se qualcuno andava alle loro lezioni:
le compagne di corso, che l'avevano capito, si
piazzavano al primo banco, e sospiravano.
Stabilito che le compagne di corso sospiravano
per tutti meno che per me, mi sono messo a
studiare.

Per ogni materia elaboravo tecniche di ap-
prendimento che mi permettessero di supplire
alla mancanza di entusiasmo. Alcuni esami
non richiedevano un impegno particolare: medicina legale, nel cui corso era prevista un'au-
topsia, suscitava enorme interesse, anche perché il professore sembrava uscito da un fumetto di fantascienza. Altre volte era necessario
uno sforzo di fantasia. Studiavo con due amici
al collegio Ghislieri, la cui architettura favoriva la concentrazione. Ripassavo seduto sotto le
magnolie e il glicine. Preparavo diritto penale
con una ragazza di famiglia siciliana, man-

giando pasta coi fegatini. Riassumevo diritto costituzionale su quinterni di fogli lucidi; riepilogavo storia del diritto italiano con l'inchiostro verde; riportavo i grafici di economia politica su un quaderno a quadretti; creavo un dizionario di diritto privato sopra un taccuino scozzese. Ho perfino cercato di raccogliere il processo civile in un unico schema: sono partito dall'atto di citazione, e mi sono fermato — quattro mesi, tre matite, venti fogli e sei metri più tardi — alla sentenza passata in giudicato. Ero orgoglioso di quell'opera d'arte astratta, che mi costringeva a studiare nei corridoi (le stanze non erano abbastanza lunghe) e mi ha condotto alla prima decisione professionale della mia vita: non avrei fatto l'avvocato.

Per tener vivi i miei interessi umanistici, boccheggianti sotto gli articoli dei codici, usavo stratagemmi commoventi. Bazzicavo altre facoltà; sceglievo esami complementari come filosofia del diritto; leggevo *Il problema della giustizia* di Hans Kelsen, fermandomi alla quinta pagina dell'introduzione. Non funzionava. Consumavo le mie pastefrolle industriali, superavo gli esami, prendevo buoni voti, ma il cuore era altrove. Il venerdì caricavo l'equipaggio sulla 127 e tornavo a Crema, dove frequentavo una delle duemila radio libere che infestavano piacevolmente l'Italia. Scrivevo tirate che intendevano essere umoristiche, e le leggevo a non più di cento ascoltatori. Con due amici avevo creato un personaggio chiamato Uzurzillo, che emetteva versi strazianti in diretta. Renzo Arbore avrebbe approvato; Piero Schlesinger, un po' meno. Eppure la mia strada correva proprio nello spazio che divideva

quei personaggi. Non attore e non giurista:
giornalista. Il papà notaio lo aveva capito. Io,
non ancora. Così, mese dopo mese, ingurgitavo
pastefrolle e andavo a sostenere gli esami.
Qualcosa, poi, sarebbe successo.

Spazzatura per ricordo
1977

L'avevamo sognata, immaginata, desiderata,
attesa, discussa, invocata, fiutata. Poi l'abbiamo vista: era diversa. L'America non appariva
particolarmente complicata, e neppure eccessivamente sorprendente. Era semplicemente
un'altra cosa. Più lunga, più larga, più vuota,
più severa e, se vogliamo, più noiosa: tra un
«luogo d'interesse» e un altro c'erano, quando
andava bene, duecento chilometri. La colpa,
naturalmente, non era dell'America. Era nostra. Non avevamo capito, per esempio, che i
luoghi d'interesse, segnati in blu sulla mappa,
non erano sempre luoghi interessanti; e i luoghi interessanti non erano sempre segnati in
blu sulla mappa.

Questo perché l'elenco delle cose da vedere
l'avevamo compilato in Italia, basandoci su
atlanti, opuscoli, film e consigli. Se c'imbatte-
vamo in qualcosa d'imprevisto, c'irritavamo.
Oppure non ce ne rendevamo conto, anche
perché veniva annunciato in un vertiginoso
inglese radiofonico, e scritto su giornali che ci
guardavamo bene dal comprare. Il 16 agosto
1977 moriva Elvis Presley; noi annotavamo
sul diario di bordo: «Percorse 164 miglia.
Quattordicesimo giorno. Il tempo corre, come

dice Guccini. Visto uno scoiattolo. Comprare detergente per bagno. Vietato mordere sul collo chi guida».

Avevamo due ossessioni, entrambe pericolose – il «costa-a-costa» e gli acquisti – e cercavamo di combinarle. In altre parole, viaggiavamo come camionisti (da est a ovest lungo la Interstate 80, da ovest a est lungo la Interstate 40); e, favoriti dal cambio del dollaro (880 lire), svaligiavamo i negozi dov'erano esposti oggetti che al ritorno potessero dimostrare che eravamo stati in America. I *bookstores* delle università, per esempio, ci piacevano, ma le felpe con scritto YALE e UCLA le vendevano anche al mercato di Crema. Occorrevano prove inequivocabili: magliette insolite, fotografie con sfondi indiscutibili, introvabili monete da un dollaro. Dai ristoranti McDonald's – allora sconosciuti in Italia – ripartivamo carichi di cucchiaini di plastica e contenitori di polistirolo, che ci sembravano strepitosi souvenir. Devono aver pensato che eravamo matti, ma simpatici. Non càpita tutti i giorni che i clienti si portino via la spazzatura per ricordo.

Non contento di questo bottino, ognuno di noi, prima o poi, faceva un acquisto destinato a turbare amici e parenti al ritorno. Il mio peccato aveva l'aspetto di una giacca di pelle con le frange, stile Buffalo Bill. L'ho comprata a Cheyenne, nel Wyoming, e l'ho indossata immediatamente, con orgoglio del tutto ingiustificato: giravo sventolando le frange e proteggevo la mia faccia lombarda sotto un cappello da cowboy. Non sapevo di comportarmi come gli americani che arrivano a Venezia e si vestono da gondolieri, anche perché nessuno aveva il coraggio di dirmelo. Non i compagni di viaggio, che avevano commesso peccati simili; non gli americani, che forse sognavano di vestirsi, un giorno, da gondolieri; non i venditori di giacche con le frange, che davanti ai miei travellers' cheques erano disposti a dirmi qualunque cosa. Anche che Buffalo Bill, secondo una leggenda, era nato in provincia di Cremona.

***

Siamo partiti tranciando il ramo basso di un albero, e procedendo a balzi per la *main street* di Betlemme, Pennsylvania: un modo discutibile, ma un nome perfetto, per iniziare un viaggio. Avevamo affittato un camper dall'Italia — non dormivamo di notte, prima di quelle telefonate — e avevamo chiesto ad alcuni conoscenti americani, la famiglia D'Agostino, di assicurarsi che tutto fosse in ordine. Il giorno della partenza verso ovest Nonno D'Agostino, che ci aveva ospitato nutrendoci a birra e noccioline, era silenzioso: una statua italo-americana in canottiera, in un mattino d'agosto. Il noleggiatore si chiamava Mr Rolla: oppure si chiamava in un altro modo, ma noi al telefono avevamo capito così. Alla consegna del veicolo Mr Rolla aveva un'espressione affranta, con un'ombra di lutto: la faccia di chi saluta un amico, certo di non vederlo più.

La scelta del camper (o *motorhome*, «casa a motore») era un tentativo di risparmiare; altrimenti avremmo affittato due automobili, e ci saremmo fermati nei motel, come i personaggi dei romanzi e dei film. Skamper — questo stava scritto, in rosso, sulle fiancate – era gigantesco. Guidandolo in città ci sembrava di manovrare una petroliera in una piscina. Fuori città ci dava un'impressione di onnipotenza – finché alle nostre spalle non piombava, muggendo, un autotreno lungo quattro volte noi. All'interno c'erano sei posti-letto. Due erano ricavati in un loculo sopra la cabina di guida. Altri quattro apparivano abbattendo i divani, ricoperti di un ruvido tessuto scozzese, quello che gli americani usano per difendersi da due incubi: le macchie, e la scelta. Sul fondo c'era il bagno, che funzionava come un eremo. Chi voleva un po' di privacy, scompariva là dentro, a leggere il quaderno di bordo e a guardare gli Stati Uniti che si richiudevano dietro le ruote.

Sul bagno del camper val la pena spendere qualche parola in più, in quanto costituiva, oltre che un'oasi di ristoro, una grotta delle meraviglie e una sfida tecnica. Non per la doccia, che era perfetta per un nano giapponese (ma riusciva a lavare solo metà dei nostri corpi: dovevamo, quindi, fare dodici turni). Non tanto per il lavabo, stampato in una plastica giallastra che faceva sembrare marmo di Carrara anche i rivestimenti dei gabinetti lungo le autostrade. Quello che lasciava senza fiato – in senso letterale e figurato – era il W.C. Mai lo storico termine *water closet* («ripostiglio dell'acqua») è stato tanto appropriato. Come nelle barche, garantiva una certa autosufficienza, a patto di venir scaricato con regolarità. Sotto le barche, tuttavia, c'è il mare; sotto il nostro camper correva l'America, popolata di persone che non volevano, giustamente, far conoscenza

con certi cascami europei. Eravamo perciò obbligati a scaricare nei pozzi neri dei campeggi,
attraverso un tubo flessibile, con un rito vagamente disgustoso. Ma nei campeggi ci andavamo poco, per risparmiare.

La salvezza stava in un liquido blu cobalto,
che andava versato nella tazza dopo ogni uso.
Il prodotto aveva un nome, ma subito era stato
ribattezzato, con affettuosa riconoscenza, Puz-
zino. La soluzione, utilizzata con parsimonia,
aveva un odore accettabile, sebbene non molto
migliore di quello che intendeva sconfiggere.
Usato in dosi massicce per giorni di seguito –
la vita intestinale di sei ventenni è una potente sinfonia – diventava una minaccia. Nel corso dei lunghi trasferimenti, tuttavia, sapevamo di non poterne fare a meno, e abbiamo finito per abituarci. Volevamo bene, al nostro liquido blu: gli chiedevamo solo di rimanere a distanza di sicurezza dalla cucina. Una notte,
mentre attraversavamo i campi lunghi del-
l'Iowa, ho preso il diario di bordo e gli ho dedi-
cato una poesia.

> *Ave o Puzzino,*
> *O chimica potenza!*
> *Se i cari amici impazzano,*
> *Di te non so far senza.*

Mi rendo conto che non si tratta di un capolavoro. Devo dire, però, che ha avuto un discreto successo tra l'equipaggio: il sentimento era
genuino, e la rima funzionava. Per un paio di
ragazze, in quegli anni, ho scritto di peggio.

***

Eravamo splendidamente disorganizzati, per essere guidatori di *motorhome*; e magnificamente organizzati, per avere vent'anni. Avevamo molte provviste, pochi soldi e una grande passione per le stazioni in onda media che trasmettevano i Fleetwood Mac. Dopo una settimana, la nostra casa semovente aveva assunto un carattere zingaresco che non ci dispiaceva. In viaggio mangiavano, giocavamo, litigavamo, scrivevamo sul diario di bordo con mano tremante, accusandoci di ogni nefandezza (la mano tremante non era dovuta a turbamenti dell'animo, ma alle vibrazioni del camper). Giocavamo a chi vedeva più targhe di Stati diversi, e discutevamo su argomenti come questo: John Denver, a Denver, è come Nicola di Bari a Bari? Sfioravamo la rissa quando qualcuno metteva nel serbatoio dell'acqua lo shampo per auto. Tentavamo di capire a cosa servissero le decine di manopole, tappi, tubi, ghiere e spinotti disseminati dentro e fuori dal camper, e qualche volta ci riuscivamo.

Di notte, invece, cercavamo la quiete. Trasformavamo i brutti divani in letti scomodi, chiudevamo le tende e parcheggiavamo nei viali dei sobborghi residenziali, suscitando l'allarme dei proprietari; talvolta ci mimetizzavamo nei parcheggi dei noleggiatori di camper, rischiando di essere affittati all'alba; oppure ci nascondevamo nei verdi cimiteri americani, dove i vicini erano tranquilli, e l'acqua abbondante. Quando non trovavamo né viali né parcheggi né camposanti, sostavamo in piazzuole male illuminate lungo le autostrade. L'angelo custode degli italiani – un ragazzo in gamba – vegliava su di noi. Se una famiglia tedesca fosse stata altrettanto imprudente, avrebbe subìto, come minimo, una rapina a mano armata.

Al mattino ripartivamo. Eravamo muniti di guide dettagliate e maniacali, pubblicate dall'American Automobile Association (AAA); di mappe fornite dalle stazioni di servizio; dell'atlante Rand McNally con la *Driving-times Map*, la mappa per calcolare quanta America si attraversa viaggiando a 55 miglia l'ora. In ogni momento, soprattutto quando della cosa non ci importava niente, sapevamo quant'eravamo distanti da un distributore o da un'area di sosta. Ci spostavamo molto, e sostavamo poco. Avevamo formato tre coppie, con turni di quattro ore: il guidatore, per due ore, aveva il diritto di schiavizzare il navigatore, chiedendogli caffè, cocacola e sigarette. Dopo due ore, i ruoli si invertivano. Il cambio avveniva in corsa: il guidatore si alzava, reggendo il volante, e il navigatore scivolava sotto, raggiungendo il sedile di guida. Se ci avessero sorpreso durante una manovra del genere, saremmo stati condannati ai lavori forzati; e i genitori, dall'Italia, avrebbero scritto una lettera di congratulazioni al giudice.

In quel modo, però, potevamo viaggiare anche tutta la notte. Alcuni Stati erano solo un appunto sul diario e un nome su un cartello nel buio (ore 23.30: *Welcome to Illinois!* ore 03.00: *Illinois Good-bye!*). L'America era una successione di svincoli e luci, *parkways* e *tollways*, parcheggi e campeggi, distributori e *diners* per cui avevamo regolarmente il buono-sconto sbagliato. In sei settimane abbiamo attraversato e riattraversato il continente, come le future fuggiasche Thelma e Louise, rincorrendo la strada davanti a noi. Solo che noi eravamo sei, maschi, italiani, e non avevamo sparato a nessuno.

***

Gli indiani guardavano con interesse la mia giacca con le frange. Solo un cretino, o un turista, poteva andare in giro in quel modo nel caldo torrido dell'Arizona. La distinzione era importante: i cretini non comprano, i turisti sì. Noi appartenevamo, tutto sommato, alla seconda categoria, anche se alcune incertezze potevamo farci rientrare nella prima (per esempio, ci chiedevamo dove fossero i monumenti nella Valle dei Monumenti). Ma i Navajo, in ottocento anni, ne avevano viste di tutti i colori: non era certo una domanda, e neppure una giacca alla Buffalo Bill, che poteva turbare la loro compostezza. Soltanto quando mettevamo la testa fuori dal finestrino e gridavamo in coro «Navajo con la moto! Foto, Foto, Foto!», un lampo passava nei loro occhi scuri. Probabilmente rimpiangevano il tempo in cui, per molto meno, un viso pallido si trovava scalpato.

Qualcuno disposto a stupirsi di fronte alle nostre iniziative, per fortuna, c'era. I due poliziotti motociclisti di Flagstaff non volevano credere ai loro occhi, quando hanno visto due di noi che prendevano il sole, sdraiati sul tetto di lamiera del camper in corsa. E i parenti, in Italia, non si spiegavano perché fossimo tanto eccitati, quando telefonavamo a carico del destinatario. Continuavamo a ripetere: «Stiamo chiamando da un telefono nel deserto! Senza soldi!». Loro rispondevano «Molto bene», ma non credo riuscissero a capire la nostra meraviglia.

Era la meraviglia che, da cent'anni almeno, assale gli europei quando arrivano nel Nuovo Mondo, e si accorgono che è un mondo nuovo. Il ritardo tecnologico dell'Europa, cominciato ai tempi della scala mobile e culminato nell'èra di Internet, in quegli anni appariva particolarmente evidente: noi eravamo in piena crisi economica; loro si illudevano con Jimmy Carter, facevano conoscenza coi computer Apple e festeggiavano con gadget nuovi la fine dell'incubo in Vietnam. Un ragazzo italiano, nell'America del 1977, era come un ragazzo portoghese nell'Italia del 1998 (non albanese, non marocchino: portoghese). Perfettamente consapevole della tecnica e delle macchine che lo circondano, ma non del tutto abituato.

Eravamo furbi, però: i nostri stupori erano camuffati da entusiasmi. Ci piacevano i telefoni, che offrivano tasti e non buchi alle nostre dita; ci consolava la cortesia cantilenante delle centraliniste, e la loro efficienza (nell'Italia della Stipel, non conoscevamo né l'una né l'altra); ci divertivano le parole nuove e misteriose (*airbags* – cos'erano, le «borse d'aria»?). Ci eccitavano, soprattutto, le diavolerie del camper. L'idea di avere sempre cocacola ghiacciata nel frigorifero ci commuoveva; così come ci sbalordiva la possibilità di farci un caffè in corsa (si trattava solo di trovare un volontario disposto a reggere la moka sul fornello).

Due congegni ci piacevano sopra tutti gli altri. Il primo era lo *speed control*, che bloccava l'acceleratore tramite un bottone sul volante. Mettere un'invenzione del genere a disposizione di un ventenne, oggi, sulle statali italiane, vorrebbe dire condannarlo a morte; ma l'America era diversa, e forse eravamo un po' diversi anche noi. Interminabili rettilinei consentivano un utilizzo sicuro del marchingegno, e noi ne abusavamo allegramente. Quando un membro dell'equipaggio intravedeva un ostacolo all'orizzonte, lanciava un'imprecazione. Il guidatore rispondeva con un'altra imprecazione e toccava il freno, che disinseriva lo *speed control*. In questo modo abbiamo percorso quasi novemila miglia, pari a quattordicimila chilometri: molte imprecazioni, ma nessun incidente.

L'altra nostra passione era l'aria condizionata, verso cui avevamo un rispetto che sfiorava la venerazione: sapevamo che era nostra alleata contro l'estate americana, e la lasciavamo soffiare furiosamente per tutto il giorno. Ognuno aveva le sue preferenze in fatto di temperatura (fredda, gelida, artica), e le sue idiosincrasie. C'era chi voleva la ventola sulla seconda velocità, e l'aria diretta in basso; chi voleva la ventola sulla prima velocità, e l'aria diretta in alto; chi voleva la ventola al massimo, e pretendeva i bocchettoni chiusi. So bene che oggi queste discussioni rallegrano i viaggi di tutte le famiglie italiane; ma per noi, allora, costituivano una novità. Il camper era una vorticosa galleria dei venti. Entrassimo adesso che abbiamo il doppio degli anni, ne usciremmo strisciando, prostrati da sciatica, torcicollo e cervicale.

Il nostro entusiasmo portoghese – composto, quasi elegante – si estendeva anche ad altri oggetti. Ci attiravano, per esempio, gli *skateboards*. Nel 1977 cominciavano a vedersi anche in Italia, dove tuttavia mancava una cosa fondamentale: lo sfondo. Cadere pesantemente al suolo nella strada che scende verso la spiaggia di Santa Barbara (California) ci sembrava più attraente che cadere pesantemente al suolo sulla strada che scende dal quartiere Pergoletto (Crema). Non solo: i progettisti delle *shopping malls* sembravano aver pensato alle esigenze di uno *skate-boarder*. C'erano marciapiedi, rampe, passaggi obbligati, piccoli salti, dove gli adolescenti americani sfrecciavano con agilità sorprendente. Ai loro occhi, già ventenni e piuttosto goffi, dovevamo sembrare rimbambiti. Non ce ne curavamo: ci bastava stare in piedi per dieci secondi, il tempo della fotografia.

***

Il bravo turista deve saper usare i luoghi comuni come ormeggi, e poi navigare usando buon senso e intuizione. Noi, però, non eravamo buoni turisti: eravamo discreti viaggiatori, e non lo sapevamo. Andavamo dovunque, cercando luoghi insoliti; ma i posti ovvi ci attiravano, perché avevamo bisogno che, al ritorno, tutti capissero quanto eravamo stati lontano. Così ci siamo fermati a Yellowstone (orso Yoghi), San Francisco (ponte), Santa Barbara (spiaggia), Las Vegas (luci), riserva Navajo (indiani) e Nashville (musica country). In alcuni di questi luoghi l'oggetto del nostro desiderio si nascondeva (di orsi, a Yellowstone, neppure l'ombra). Altre volte era fin troppo accessibile, e dopo un po' ci veniva a noia (il Bay Bridge a San Francisco si può percorrere avanti e indietro quattro volte, non di più). Altre volte ci eludeva, lasciandoci nel dubbio.

Prendiamo la strada costiera della California (Highway 1). Abbiamo visitato sensi unici e strade a fondo chiuso, siamo passati davanti a industrie di pesce in scatola e baracche, abbiamo annusato alghe e nebbia. Avevamo il sospetto che la California vera — sole e mare come nelle canzoni dei Beach Boys — fosse da qualche altra parte; e noi stessimo visitando un retrobottega (ritrovare le atmosfere di John Steinbeck era una magra consolazione). Perfino i surfisti ci sembravano impacciati, le onde modeste, il mare opaco. Eravamo irritati: arrivare fino in California, e non trovarla, ci sembrava una beffa.

È stato a Las Vegas che abbiamo avuto la certezza di essere fuori posto. Ci aggiravamo per la città con i nostri giornali pubblicitari (*Disco & Dollies! Luscious Models! Jolly Follies-nude but nice*), con i nostri soldi contati, con il nostro stupore educato, cercando di entrare nel buffet $1.99 tutto-quello-che-potete-mangiare. Ma quel buffet era fatto per tenere in piedi gli americani grossi e tonti che avrebbero perso tutto a blackjack, non per rifocillare sei italiani cauti e magri che mettevano i *dimes* (dieci centesimi) nelle slot machine, e vincevano pure. Solo dopo molte ore ci siamo avvicinati al tappeto verde della roulette, puntando sul nero col cuore in gola. Non temevamo di perdere il dollaro; temevamo lo sguardo del croupier, che aspettava una mossa falsa per cacciarci.

Con Las Vegas, non c'entravamo niente: eravamo come bambini in un night-club. Passeggiavamo col pullover annodato in vita – l'aria condizionata, dentro i casinò, era ghiacciata – e cercavamo l'ufficio del turismo – di notte – per avere opuscoli e informazioni. Sorridevamo ai poliziotti, che ci fissavano sospettosi. Perfino le prostitute si giravano a guardarci. Noi sorridevamo anche a loro, e ci chiedevamo se fossero veramente prostitute, o invece spigliate ragazze americane, che non sapevano resistere al fascino acerbo del maglioncino in vita.

Solo in Colorado – a Boulder, la città universitaria di Denver – abbiamo avuto l'impressione di essere tra gente come noi. Per mimetizzarci meglio, abbiamo allestito un banchetto, cercando di vendere magliette di cotone dipinte sul posto. Era dal tempo dei profumi artigianali che non vendevo qualcosa a qualcuno, e pregavo che nessuno si avvicinasse. Invece, i curiosi erano molti. L'acquirente, una sola: una ragazza massiccia, che impietosamente abbiamo ribattezzato Trudy, come la compagna di Gambadilegno. L'incasso totale della giornata è venuto dal suo borsellino: tre dollari e cinquanta centesimi. Non erano sufficienti per un pasto; ma erano abbastanza da farci sentire protagonisti di qualcosa, e non solo facce dietro un finestrino. Abbiamo una fotografia color seppia, scattata quel pomeriggio su una panchina di Boulder. Quattro di noi guardano nell'obiettivo; due seguono qualcosa con gli occhi. Sembra la copertina di un disco, e tutti noi l'abbiamo appesa a qualche muro, perché è perfetta: chi l'ha scattata è riuscito a cogliere il momento irripetibile in cui i nostri vent'anni si intersecavano, e volevamo tutti le stesse cose.

È un autoscatto, naturalmente.

Europarty
1979

La mia prima casa all'estero stava al pianterreno di un vecchio palazzo, al numero 6 di avenue de la Renaissance, davanti al parco del Cinquantenario di Bruxelles. La zona era discreta, l'edificio decoroso, l'affitto eccessivo (7.000 franchi belgi al mese, riscaldamento escluso). Chiamarla «casa», tuttavia, era troppo. Più che una casa, era un appartamento; più che un appartamento, era un monolocale; più che un monolocale, era un corridoio con giardino. Era talmente stretto e lungo che i mobili stavano in fila, come in un'asta. Quando avevo ospiti, dovevo allinearli lungo la stanza; se per caso mi fosse saltato in testa di mettere la scrivania davanti al letto, o il letto dietro all'armadio, avrebbero dovuto chiamare i vigili del fuoco per liberarmi. I proprietari offrivano l'alloggio, definito pomposamente *grand flat avec coin à dormir*, ai giovani *stagiaires* che si alternavano presso la vicina Commissione delle Comunità europee. Contavano sul fatto che in casa rimanessimo poco, e contavano bene.

Ogni mattina lasciavo il corridoio-con-giardino intorno alle nove. Dopo essermi lavato in un bagno perfetto per una Barbie, e aver fatto colazione in una cucina dove Barbie sarebbe rimasta incastrata, scendevo a piedi per Avenue de Cortenberg fino al Rond-Point Schuman e Rue Archimède. Il mio posto di lavoro stava lì: Direzione Generale V, Occupazione e Affari Sociali, Direzione Occupazione e Formazione Professionale, Divisione Azioni Comunitarie Specifiche sul Mercato del Lavoro e nel Campo della Formazione Professionale. Il mio indirizzo era più chiaro, ma non di molto: d.g. V, Arch.1, 1/22, ext 1127.

Lì cercavo di capire cosa dovevo fare. Ero stato affiancato a tale Andrew, un funzionario inglese di bell'aspetto che sembrava il cugino di James Bond, e forse lo era davvero, visto il modo in cui sussurrava nel telefono. Era una brava persona: con qualche sforzo comprendevo il suo francese, e con una certa fatica lui capiva il mio inglese. Quello che Andrew non capiva, era perché volessi cercar qualcosa da fare, quando nessuno si curava di darmene. Un ragazzo italiano di ventidue anni, diceva, può vivere senza conoscere i programmi di formazione professionale in Danimarca. Era vero, ma ci ho messo qualche tempo ad accorgermene.

La cosa che più mi ha colpito durante quei mesi di ufficio – i primi della mia vita – era la quantità di carta che veniva prodotta. In quell'epoca pre-allargamento, pre-mercato unico e pre-computer – ce n'era qualcuno, ma non lo mettevano in mano a noi – la Commissione delle Comunità europee sembrava voler giustificare la propria esistenza, e per far questo partoriva montagne di fogli. A ogni respiro dell'organizzazione corrispondeva un documento, un suggerimento, un'opinione e un'analisi, tradotta nelle sei lingue parlate nei nove Stati membri. Esistevano ricerche su tutto: bastava nominare un argomento, e qualcuno lo aveva studiato. Se il documento era sormontato da una banda verde, era italiano; se la banda era blu, era francese; se la banda era rossa, era inglese. È stato così che ho imparato a dire «letame» nelle lingue delle comunità (francese *fumier*, inglese *manure*, tedesco *Stalmist*, olandese *stalmest*, danese *staldgødning*), una conoscenza di cui vado tuttora orgoglioso.

Tutti i documenti venivano fotocopiati incessantemente, su carta riciclata color grigio-topo. A ogni ora del giorno, le macchine erano calde come scaldabagni; la loro luce livida filtrava dal coperchio, e illuminava soffitti e corridoi. Fotocopiavamo con la stessa passione con cui i monaci delle Fiandre, un tempo, ricopiavano i codici miniati. Fotocopiavamo relazioni, appunti, bozze, proposte e indirizzi (di ogni ricordo di Bruxelles, trovo tre copie). Fotocopiavamo anche le fotografie, che davano ai soggetti ritratti un aspetto spettrale, lo stesso degli *stagiaires* irlandesi dopo una notte di bagordi. Ancora oggi, il profumo di una copia fresca mi riporta alla mente lo *stage*, e quell'aria di operosità, non sempre giustificata, che riempiva le stanze della Commissione delle Comunità europee. Buttavamo giù caffè, fumavamo a metà mattina e annusavamo fotocopie: in fondo, ci sono droghe peggiori.

* * *

I motivi per cui duecento giovani brigavano per trascorrere sei mesi a Bruxelles erano diversi. C'era chi puntava a un'assunzione in una delle istituzioni comunitarie; chi intendeva aggiungere al curriculum un'esperienza internazionale; e chi, come me, doveva preparare una tesi di laurea. C'era poi un motivo inconfessabile, ma non vergognoso: per molti, quello era l'ultimo scampolo di vita studentesca, prima di trovare un impiego. Questo non significa che tutti gli *stagiaires* fossero irresponsabili − c'erano anche quelli, peraltro, ed erano abbastanza simpatici. Significa che lo *stage* era una lunga festa inframmezzata da brevi pause lavorative, necessarie a riprendere fiato. I più giovani erano i più posati; i trentenni sembravano invece scatenati. Ce n'erano un paio che andavano in ufficio solo per prendere accordi telefonici per la serata; se non approdavano a nulla, invitavano a cena la segretaria.

A ventidue anni, mi davo un contegno. I corridoi di Bruxelles erano pieni di ragazzi di tutti i paesi, nessuno dei quali doveva render conto di dove passava la notte, e approfittare eccessivamente della situazione mi sembrava sleale. Come tutti, ne approfittavo un poco, ma la somma di queste autoindulgenze bastava a creare un ambiente vivace.

Non so, francamente, chi mi avesse raccomandato per quella vita, poiché ben tre funzionari si contendevano quest'onore. Qualcuno, però, deve averlo fatto: la necessità di una spinta, per arrivare a Bruxelles, era tanto evidente che il giornale degli *stagiaires* si chiamava *Pistonissimo*, un vocabolo composto con le lingue dei due paesi che, più di ogni altro, si distinguevano in questa attività. I francesi fornivano il sostantivo *piston* (spinta, raccomandazione); noi italiani, in linea col carattere nazionale, ci mettevamo il superlativo (-*issimo*). Di questo

Pistonissimo, pubblicato sulla solita carta grigio-topo, mi ero autonominato redattore-capo, un incarico massacrante che consisteva nell'ottenere articoli per l'indomani da *stagiaires* che intendevano impiegare la serata per sedurre una interprete fiamminga. L'unico vantaggio era questo: in quanto redattore-capo, potevo mettere in risalto i miei pezzi. Cosa che ho fatto per l'articolo d'esordio, una fiera requisitoria contro la Commissione che mi ha fruttato una convocazione urgente presso Wolfgang Kraus, il responsabile dello *stage*.

Herr Kraus, un funzionario tedesco fornito di una bella barba biblica, aveva un'immagine romantica del nostro tirocinio, che seguiva di pochi mesi la prima elezione a suffragio universale del parlamento europeo: ne vedeva l'aspetto formativo e ideale. Aveva ragione, perché gli ex *stagiaires* sono oggi europeisti convinti, e non nutrono alcun pregiudizio circa le altre nazioni europee: sei mesi sono sufficienti per capire che tutti i popoli hanno torto.

Durante il soggiorno a Bruxelles, tuttavia, questo aspetto ideale tendeva a sfuggirci: il *coté* sociale ci sembrava troppo importante. L'idea di poter giocare a calcio litigando in tre lingue ci commuoveva; la possibilità di passare il fine settimana scegliendo tra quattro paesi ci rendeva euforici (soprattutto se riuscivamo a evitare il claustrofobico Lussemburgo). Ogni pomeriggio, al termine dell'orario di ufficio, trasformavamo la rispettabile cafeteria della Commissione in un incrocio tra un oratorio, un pub, un kindergarten e una brasserie. Ogni nazionalità, in sostanza, portava il suo contributo alla confusione, e ne andava orgogliosa.

Mi sono sempre chiesto cosa pensassero di noi i funzionari delle Comunità. Credo ci vedessero come un fenomeno naturale, al quale è inutile opporsi: ogni sei mesi a Bombay soffiano i monsoni; ogni sei mesi, a Bruxelles, sbarcano gli *stagiaires*. Talvolta scorgevamo nei loro occhi un misto di invidia e disapprovazione, ma sceglievamo di vedere solo l'invidia. Motivata, peraltro. Loro guadagnavano dieci volte di più, ma noi lavoravamo tre volte di meno. Loro dovevano preoccuparsi della carriera; noi della serata. Loro avevano colleghi; noi complici, alcuni dei quali dotati di una certa personalità.

* * *

La mia preferita si chiamava Melanie, ed era inglese. L'avevo conosciuta in una notte di pioggia, dopo una festa, mentre saltava in una pozzanghera, con grazia e determinazione. Prima di sguazzare nelle strade di Bruxelles, Melanie aveva lavorato alla Camera dei Comuni di Londra, come assistente di un parlamentare laburista. Era una ragazza alta e bruna, con due occhi verdi che promettevano battaglia. Ci incontravamo la domenica sera in un ristorante greco dalle parti di Place du Petit Sablon. Ispirati dal vino retsina, commentavamo la settimana, parlavamo del futuro e discutevamo i rispettivi affari di cuore. Io raccontavo i miei, che la divertivano molto; lei lasciava intuire i propri, sui quali non ero autorizzato a scherzare. L'accordo era talmente disonesto che siamo diventati amici.

L'idea di passare qualche giorno a Londra è stata sua: io avrei messo l'automobile, lei la casa. Siamo saliti sul traghetto a Zeebrugge un sabato mattina di dicembre; dopo qualche ora e molte onde, siamo sbarcati a Dover e abbiamo proseguito per la capitale. L'Inghilterra che avevo conosciuto nei primi anni Settanta appariva cambiata, più povera e malinconica; o forse era l'effetto provocato dagli adesivi sui vetri della 127 nocciola.

Melanie mi aveva detto di abitare con amici a Dalston, un quartiere di Londra non particolarmente noto ai turisti, se non erano ciprioti in visita ai parenti. La strada si chiamava Richmond Road, una delle sedici che portavano quel nome (c'erano poi una selva di Richmond Avenue, Richmond Close, Richmond Crescent, Richmond Gardens, Richmond Grove, Richmond Mews, Richmond Park, Richmond Place, Richmond Street e Richmond Terrace: tutti rigorosamente distanti da Richmond, per il gusto di far impazzire gli stranieri).

Sapevo che «abitare con amici» era un' indicazione vaga. Sapevo anche che la gioventù inglese aveva abitudini diverse da quella italiana; ma non sapevo quali. Avendo visitato l'appartamento di Melanie a Bruxelles davo per scontato che la mia amica conoscesse tutte le sfumature della *bohème*; e avevo sentito dire che l'elezione di tale Margaret Thatcher – un tipo con una permanente che sembrava scolpita nel marmo – stava provocando turbamenti tra i *liberals* di Londra. Nulla, però, mi aveva preparato alla realtà.

Melanie infatti aveva omesso di dirmi che viveva in una casa semi-abbandonata, senza riscaldamento e acqua calda; o forse me l'aveva detto, ma io ignoravo la parola *squat*, che riassumeva una vecchia abitudine della gioventù britannica. Quando un edificio veniva lasciato dai proprietari – in vista di una ristrutturazione, di una demolizione o di un nuovo affitto – veniva occupato; le autorità, tolleravano. Talvolta la casa era ancora collegata alla rete elettrica e a quella idrica; talvolta no. Gli *squatters* dovevano arrangiarsi, e si arrangiavano. I ventenni inglesi, pur di non vivere in casa coi genitori, avrebbero dormito sotto i ponti. Rispetto a quest'ultima sistemazione, la casa di Dalston era un piccolo passo avanti.

La scoperta, devo dire, non mi ha turbato: mi ha sconvolto. Ma era uno sconvolgimento rassegnato, quasi piacevole, come quello di un astronauta che viene depositato sul pianeta sbagliato. I residenti comparivano in cucina – l'unica stanza riscaldata della casa, grazie a una combinazione di fornelli e camino – a tutte le ore; avevano sempre l'aria di chi tornava da una festa dove servivano di tutto, meno gli analcolici. Parlavano con una velocità e un vocabolario che mi consentivano solo di sorridere, sperando che i racconti non fossero tragici. L'inverno inglese non sembrava turbarli; la presenza di un italiano che si presentava a tavola col cappotto, nemmeno.

Della combriccola di Richmond Road facevano parte, oltre a Melanie, vari aspiranti a una carriera nei media, che allora non si chiamavano ancora media, bensì giornalismo e televisione: un praticante della BBC; uno scrittore in attesa di pubblicazione; un giornalista musicale molto somigliante a Paul McCartney dopo una rissa con Yoko Ono. C'erano anche tre ragazze – simpatiche, devo dire – la cui unica preoccupazione estetica era abbinare un paio di pantaloni nero pallido con un maglione grigio cupo. Con loro mi trovavo il mattino intorno al rubinetto ghiacciato del giardino, e a cena, un'occasione festosa seguita purtroppo da un rituale sconcertante: il lavaggio dei piatti.

Ricordo che quando sono stato sorpreso a risciacquarli — in una casa dove l'acqua era preziosa come nel deserto del Negev — è nata una discussione, durante la quale la passione latina ha compensato le carenze linguistiche. Il punto della contesa era questo: secondo gli inglesi (anche Melanie mi aveva abbandonato) era sufficiente passare i piatti col detersivo, e metterli sullo scolapiatti. Io ribattevo che questo sistema saponificava il cibo — il che poteva anche essere un vantaggio, viste certe pietanze. Presto o tardi, spiegavo, emetterete bolle, come i pesci.

Nonostante l'eloquenza, so di non averli convinti. Abbiamo raggiunto un compromesso secondo cui io avrei risciacquato il mio piatto, e nessun altro. Frequento ancora quei ragazzi, che oggi vivono con mogli, mariti e figli. Alcuni hanno un colorito simile a "Svelto-Piatti", ma dev'essere una mia fantasia.

Melanie, tra le altre cose, si era assunta il compito di educarmi musicalmente. Aveva saputo che, del rock britannico, apprezzavo soprattutto Cat Stevens, e aveva deciso di intervenire. A Bruxelles mi infilava cassette dei B 52 nell'autoradio; quando io obiettavo che un italiano non può guidare nella notte belga ascoltando musica americana imposta da un'amica inglese, alzava il volume. In occasione del viaggio a Berlino, organizzato dalla Commissione per noi *stagiaires*, mi ha trascinato al Metropol per ascoltare i Talking Heads (destinati a diventare la colonna sonora dei miei vent'anni, ma questo lei non l'ha mai saputo). Poiché eravamo a Londra, e giocava in casa, Melanie ha deciso infine di introdurmi al nuovo movimento punk, portandomi al concerto di uno dei gruppi di culto, i Damned.

Siamo entrati e io ho detto subito: guarda Mel che questi sono pericolosi. Lei ha osservato le catene, gli scarponi chiodati e le spille nel naso, ha sorriso indulgente, e mi ha spiegato che si trattava di *mischievous put-on*, ovvero della innocua messa in scena con cui i punk dimostravano la loro distanza dalla società. Sarà, ho detto.

L'inizio del concerto è stato abbastanza tranquillo, date le circostanze: solo qualche insulto dal complesso verso il pubblico, che rispondeva per le rime. Quando il cantante ha cominciato a sputare sulle prime file, l'atmosfera si è surriscaldata. Ho gridato a Melanie: guarda che qui finisce male. Lei, un po' meno serafica ma sempre sicura, mi ha spiegato che «lo scontro tra gruppo e pubblico faceva parte della dialettica punk». Ha tirato fuori una sigaretta dalla borsetta posata per terra – le ragazze inglesi posano sempre le borsette per terra: all'inizio gliele raccoglievo, poi ho smesso – e ha cominciato a ballare.

Da quel momento, la situazione è degenerata. Il pubblico è partito all'assalto del palco e ha cominciato a prendere a calci le pareti. I più robusti, e ce n'erano parecchi, hanno strappato i sedili in legno e li hanno lanciati contro i Damned, che li hanno raccolti e tirati indietro. Ho fatto presente alla mia guida che se quella era una innocua messa in scena, avrei voluto vedere una rissa. Melanie, che già non era colorita, è impallidita, e ha ammesso che forse era il caso di lasciare il teatro. Così abbiamo fatto, salvando la testa ma non la borsetta: nella mischia, qualcuno di quegli inoffensivi intellettuali l'aveva fatta sparire. Fuori dal locale, Melanie mi ha intimato di non dire niente; e io non ho detto niente, e non avrei potuto, perché ero troppo impegnato a congratularmi con me stesso. Ancora oggi, quasi vent' anni dopo, Melanie non vuole ammettere l'errore: sostiene che si è trattato di un concerto storico, e io devo essere orgoglioso di essere stato là.

* * *

Il ritorno da Londra a Bruxelles è avvenuto senza inconvenienti. Era incredibile come due sopravvissuti ai Damned, dentro una 127 nocciola, potessero passare inosservati, negli ultimi giorni degli anni Settanta.

A Bruxelles mi aspettava una tesi di laurea sulla protezione dei diritti fondamentali nelle Comunità europee, e l'umore ne risentiva. Scendevamo lungo le strade del Kent, cercando di tenere la sinistra e di evitare gli argomenti che avrebbero potuto creare incomprensioni: Margaret Thatcher, la borsetta rubata, il riscaldamento di Dalston, la mia assurda pretesa di risciacquare i piatti.

Era bello, tuttavia, tornare dall'estero all'estero. L'idea di una casa-lontana-da-casa mi dava una sensazione deliziosa, perfetta combinazione tra responsabilità (miei i soldi, mio il tempo, mia l'automobile) e irresponsabilità (strade sconosciute, genitori lontani, un'amica come

Melanie). Mi sembrava di essere un adulto: essendo una novità, la cosa mi entusiasmava.

Siamo saliti sul traghetto che faceva già buio. Melanie è scomparsa alla ricerca del duty-free, e io sono rimasto in coperta a fumare, intabarrato in una giacca di velluto comprata usata al mercato di Portobello. La nave usciva dal porto, e l'Inghilterra diventava una fila di luci. Ho deciso che occorreva rendere quel momento indimenticabile, e mi sono messo alla ricerca di un gesto simbolico: un'azione non strettamente necessaria, degna dell'ultima scena di un film. Ci ho pensato un po', e ho lasciato cadere la sigaretta verso l'acqua scura della Manica annunciando che, in quel momento, smettevo per sempre di fumare. Poi mi sono girato, e sono tornato all'interno con passo svelto. Il mozzicone acceso infatti era finito tra i passeggeri del ponte inferiore, e non era il caso di farmi trovare lì.

Un ragazzo perduto
1981

Viale Abruzzi era il nostro deserto dei Tartari. Stavamo di guardia, con la pistola nella fondina, e aspettavamo. Naturalmente, non succedeva niente e non arrivava nessuno. Ma quell'attesa in armi dietro una cancellata, e la remota possibilità di dover gridare «Chi va là?» nella notte estiva, erano abbastanza bizzarre da diventare interessanti. Dopo gli studi e i viaggi, era piacevole concedersi una pausa, e star lì a guardare dentro il buio di Milano.

La guardia armata non era l'unica attesa. Aspettavamo fuori dalle abitazioni degli ufficiali. Attendevamo le chiamate nella sala senza finestre dell'autoreparto, dove giocavamo a calcio con una palla sgonfia. Aspettavamo che passassero i giorni per accedere ai vantaggi dell'anzianità: un cenno d'intesa con le guardie all'ingresso, il privilegio di tenere i capelli meno corti. Quella vita non mi irritava: mi lasciava, invece, piacevolmente intorpidito. Avevo sentito dire che il servizio militare trasformava i ragazzi in uomini, e qui stava avvenendo il contrario. Personalmente, non avevo obiezioni.

* * *

1981

La cartolina-precetto del 5° contingente 1981, arma aeronautica, mi ordinava di presentarmi al Centro Addestramento Reclute di Macerata. Sono arrivato in automobile: la stessa Fiat 127 nocciola che mi aveva illuso d'essere un cittadino europeo, mi conduceva a diventare un soldato italiano. Nel bagagliaio avevo una valigia Samsonite colma di abiti. Precauzione inutile: il primo giorno ci hanno consegnato maglie, mutande, camicie, pantaloni, scarpe, cintura, e ben due cappelli flosci (la dignità del copricapo rigido era riservata a ufficiali e sottufficiali). Ci hanno dato anche la tuta da lavoro dentro la quale avremmo vissuto un mese; era di un colore indecifrabile, tant'è vero che hanno dovuto chiamarlo color aviazione.

La marcia era la nostra occupazione principale. Marciavamo per ore, dentro scarponi neri che avrebbero fatto la gioia di uno *skinhead*. L'obiettivo ufficiale era prepararci alla cerimonia del giuramento; lo scopo evidente, abituarci a essere inutili e disciplinati. Marciavamo, e gridavamo «Passo!» sotto il sole delle Marche: i soldati di *Full Metal Jacket*, anni dopo, avrebbero urlato quanto noi, ma dubito che abbiano marciato più intensamente. Mai, in vita mia, ho visto uno sforzo tanto sproporzionato al risultato. La cosa incredibile è che, dopo una settimana, quello sforzo ci piaceva. *Volevamo* battere i piedi all'unisono; se qualcuno sbagliava, un fremito di disapprovazione percorreva la compagnia. Non so come un fan dei Talking Heads, in pochi giorni, potesse conciarsi in quel modo. Ma forse non era così strano. Avevo capito che durante il servizio militare avrei sprecato molto tempo. Già che c'ero, preferivo fosse sincronizzato.

Nelle pause tra una marcia e l'altra, studiavo la nuova lingua. La "bustina", per esempio, non indicava una dose di qualcosa per cui si poteva finire in carcere: era un cappello. Il "piantone" non era un grosso albero, ma l'aviere incaricato di tener d'occhio le camerate. «Vam» non era il rumore prodotto da una bomba in un fumetto, bensì il corpo di guardia (Vigilanza Aeronautica Militare). Così, il "contingente" non costituiva una categoria filosofica, e lo "scaglione" non era un pezzo di formaggio: entrambi indicavano il raggruppamento dei militari di leva in base all'inizio del servizio.

Appreso il vocabolario, ho imparato a riconoscere i gradi. All'arrivo la mia ignoranza era assoluta: sapevo a malapena che un tenente contava più di un sergente, ma non avrei saputo distinguerli. Per non sbagliare, salutavo militarmente tutti, dal capitano al cuoco. Qualche ufficiale credeva che volessi sfotterlo, ma io spiegavo soavemente le mie difficoltà, e fingevo enorme interesse per strisce e stelle. Il capitano, ma soprattutto il cuoco, se ne andavano soddisfatti.

Accadeva abbastanza poco. Gli avvenimenti esterni arrivavano attutiti, e già decodificati in una sequenza di segnali militari. Ricordo che quando hanno sparato a Giovanni Paolo II in piazza San Pietro – 13 maggio 1981, mercoledì – c'era grande agitazione, come se i Lupi Grigi potessero marciare su Macerata. I riti dell'addestramento si susseguivano stancamente. Il più atteso era l'esercitazione a fuoco: era chiaro che non sarebbero bastati dieci minuti per imparare a maneggiare un'arma; ma si trattava pur sempre della perdita della verginità civile. Ricordo le corriere in fila nel sole,

l'attesa, le leggende (un cane entra nel poligo-
no: centrato), la goffaggine di un laureato messo su una duna con un fucile in mano e il mare
sullo sfondo.

Ogni sera andavamo in libera uscita. Piaceva a tutti, la libera uscita. Non perché costituis-
se una liberazione – la caserma non era una pri-
gione – ma in quanto rappresentava un'istituzione. Ci divertiva la retorica del nome, e la novità. Da anni tutti uscivamo liberamente; ma
andare in libera uscita era un'altra cosa. Non
facevamo nulla di speciale: passeggiavamo in
centro, guardavamo le ragazze, finivamo in pizzeria. Erano pizzerie per militari, che facevano
sembrare lussuose quelle universitarie. I discorsi, inconcludenti e autoconsolatori, somigliavano a quelli che si ascoltano sui treni. Solo
che noi, per un mese, non saremmo andati da
nessuna parte.

L'annuncio delle destinazioni seguiva il giuramento e un colloquio, breve e soavemente ipo-
crita: tutti, indistintamente, eravamo racco-
mandati, o credevamo di esserlo. Chiedevamo
abbastanza poco: in sostanza, di svolgere il servizio militare vicino a casa. E l'aeronautica, fin
d'allora, cercava di accontentarci. L'ansia era
perciò ingiustificata. Restavano il caso, gli equi-
voci e gli errori.

Non so se per caso, per equivoco o per errore,
l'aviere Severgnini, nato e residente a Crema
(Cremona), è stato spedito all'aeroporto militare di Grosseto, una base operativa della Nato.
All'arrivo, mi hanno messo a spazzare la pista
dove atterravano i caccia. Devo dire che l'ho fatto abbastanza bene: nessun aereo mi è venuto
addosso.

* * *

A Grosseto sono rimasto poco: giusto il tempo di commiserarmi. A metà giugno ero a Milano, come quasi tutti i milanesi e molti lombardi. Il comando della Prima Regione Aerea stava – sta ancora – in piazza Novelli, un nome che mi è sempre sembrato adatto al nostro dilettantismo militare. La mia qualifica era autista: un incarico che, a differenza di altri, dava qualcosa da fare, molto da aspettare, e consentiva di lasciare la caserma durante la giornata. Quando passavamo il cancello, vedevamo l'invidia negli occhi delle guardie. Noi uscivamo per la città, vestiti di azzurro, con una ruota dorata sulla spallina; avremmo percorso strade piene di gente e preso un caffè in un vero bar, dove le ragazze ci avrebbero scambiato per portalettere o ferrovieri.

Eravamo i signori delle Fiat 128. Sapevamo distinguere quelle lente da quelle veloci, quelle col cambio discreto e quelle con la frizione infida. Quando dovevamo accompagnare un ufficiale superiore, potevamo scegliere una buona macchina: questo era un privilegio, e la caccia ai privilegi è il motore della vita militare. Era un privilegio, grazie alla targa dell'Aeronautica, percorrere le corsie preferenziali, dietro i taxi e le volanti della polizia. Era un privilegio indossare scarpe borghesi, contando sul fatto che in auto non si vedevano. Era un privilegio arrivare all'alba nel parcheggio innevato dello stadio di San Siro, e fare un testa-coda come Starsky e Hutch.

Era un privilegio, soprattutto, accompagnare i piloti fin dentro gli aeroporti, passando sotto le ali degli aerei in sosta. La differenza tra

aviatori e avieri ci risultava chiara: loro guida-
vano i caccia F-104; noi le Fiat 128. Loro parlavano delle difficoltà di un atterraggio; noi dei ri-
schi del divieto di sosta. Loro, gli aviatori, non
erano scortesi; talvolta fingevano addirittura
un impossibile cameratismo. Un giorno ne avevo a bordo tre: piloti delle Frecce Tricolori, diretti all'aeroporto di Cameri, vicino a Novara.
Ci siamo persi nella nebbia al Lorenteggio, nella periferia occidentale di Milano: un aviere e
tre aviatori che chiedevano aiuto a *Tuttocittà*,
allegato delle Pagine Gialle. Se il nemico ci
avesse sorpreso, sarebbe morto dal ridere.

L'episodio del Lorenteggio mi ha reso celebre
nell'autoreparto, ma ha messo in luce una carenza grave. Io ero di Crema, avevo studiato a
Pavia, ero stato a Londra e avevo vissuto a
Bruxelles. Milano, non la conoscevo. Se uscivo
dai percorsi quotidiani – la casa del colonnello,
l'aeroporto di Linate e l'autoreparto di Taliedo,
della cui esistenza ancora oggi non sono certo –
mi trovavo in difficoltà. Per raggiungere Baggio
– che a quei tempi non era un calciatore, ma un
ospedale militare – compivo giri cervellotici,
cercando di passare dai pochi luoghi che conoscevo, e mi servivano da punti di riferimento. Se
qualcuno avesse osservato i miei vagabondaggi
da un elicottero, avrebbe pensato che ero un
agente segreto o un matto. Oppure un agente
segreto matto. Oppure un matto, che aveva un
segreto: non sapeva orientarsi a Milano.

Con garbo, l'ho fatto notare e mi sono permesso di suggerire una soluzione. All'ufficio
stampa c'era un ragazzo che, di mestiere, faceva il barista, e si trovava in difficoltà tra ritagli
e interviste; al bar c'era un camionista, che non

sapeva preparare un caffè; all'autoreparto stavo io, e mi perdevo a Milano. Sarebbe bastato ruotare gli incarichi – il barista al bar, l'autista all'autoreparto, l'aspirante giornalista all'ufficio stampa – e i risultati non potevano mancare. Un paio di ufficiali hanno detto che avevo ragione; ma, in undici mesi, non sono riusciti a cambiare nulla. Così hanno continuato a bere caffè cattivi, a leggere rassegne-stampa scadenti e a perdersi per Milano.

* * *

Tre mesi prima del servizio militare avevo cominciato a scrivere per *il Giornale* di Montanelli. Quando, via Macerata e Grosseto, sono tornato a Milano in divisa, mi sono ripresentato in redazione. Poiché ero libero soltanto la sera, mi è stato chiesto di occuparmi di locali notturni. L'incarico aveva poco a che fare con la mia laurea in diritto internazionale, e nulla col mio incarico di aviere autista, ma soddisfaceva un'altra parte di me: quella che aveva ventiquattro anni.

È cominciata così la mia carriera di giornalista-soldato: il mio fronte erano i Navigli, la mia arma un pennarello, i miei nemici i buttafuori delle discoteche. Scrivere di notte e tornare in caserma all'alba non era facile. Durante la giornata, mi addormentavo nei luoghi e nelle posizioni più impensate. Nulla era troppo scomodo per me: il sedile della 128; una branda senza materasso; un materasso senza branda; la panca dell'autoreparto, dove i miei compagni disputavano Milan-Inter e mi usavano come traversa.

L'importante era farmi trovar pronto la sera. Senza divisa, e con un amico a indicarmi la strada, Milano era mia. L'esotismo che mi era negato come aviere, lo conquistavo in locali dai nomi improbabili: Orient Express, Czar, Lento Battello. La città, in quei mesi, aveva deciso di scrollarsi di dosso la cappa degli anni Settanta: la gente usciva e voleva divertirsi. Milano non era ancora da bere; ma si lasciava assaggiare. Una visita al Verdi, da Oreste e da Pane e Farina valeva un corso di sociologia, e aveva un vantaggio: gli indirizzi rientravano nelle mie conoscenze topografiche. Arrivare al Playtime di via Ravizza era invece una sorta di Camel Trophy, quasi come raggiungere Le Scimmie di via Ascanio Sforza. Al Banco di via Pontaccio, dove le ragazze portavano abiti che non le avrebbero fatte uscire vive dalla caserma, arrivavo facilmente; poi però non riuscivo a parcheggiare, venivo risucchiato dai sensi unici e non trovavo più la strada per tornare indietro.

Mi sono perduto nei dintorni del Magia di via Salutati, e poi in cerca del bowling di via Cavazzali; sono arrivato ad Abbiategrasso prima di capire di aver superato l'Odissea 2001 di via Forze Armate; mi sono smarrito a cento metri dal Grand'Hotel di via Palermo – che non era un albergo, ma una birreria – e sono finito nello sferisterio, che non era un osservatorio astronomico, ma il campo di gioco della pelota basca. A furia di errori, notte dopo notte, ho cominciato a orientarmi: il guaio è che sapevo farlo soltanto al buio, e non potevo mostrare i miei progressi all'autoreparto, dove sarebbero stati apprezzati. Alla luce del giorno, dopo dieci mesi di servizio, riuscivo ancora a sbagliar strada per Linate, che da piazza Novelli è un'impresa quasi impossibile. Tuttavia, se una notte i piloti delle Frecce Tricolori avessero voluto partecipare all'Animal House Party presso il Punto Rosso di piazzale Lagosta, avrei saputo condurli. Il nostro arrivo con la 128 blu, certamente, sarebbe piaciuto a John Belushi.

* * *

Perdermi mi dava tempo per pensare; ma pensare mi portava a perdermi. Mentre vagavo ad un passo dalla caserma, convinto di essere da tutt'altra parte, mi capitava spesso di riflettere su quello che avrei fatto dopo aver riconsegnato la divisa. Avrei avuto venticinque anni: un'età in cui perfino un italiano ha il sospetto di esser diventato adulto. Come molti della mia generazione – bambini che avevano ricevuto regali di latta e un'educazione di ferro da genitori con nervi d'acciaio – avevo un sogno, ma anche un certo buon senso. I giornali, se potevo; altrimenti, c'era la laurea in legge. Ci avrei pensato. Avrei trovato la mia strada. Prima, però, dovevo trovare quella per tornare in caserma. Ero sicuro che da viale Argonne bastasse girare a sinistra, ma quella piazza, sinceramente, non l'avevo mai vista.

Indice

Piccolo

Medio

Grande

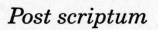

Post scriptum

Crescere con i Beatles

Lui dice: «Michelle, ma belle». E aggiunge: «These are words that go together well» (queste sono parole che stanno bene insieme). Lei mantiene un dignitoso silenzio. Lui ci riprova in francese: «Michelle, ma belle. Sont les mots qui vont très bien ensemble». Lei, scarsamente impressionata, continua a tacere. Da ragazzo, quando ascoltavo la canzone, pensavo che fosse bella, ma cominciavo a sospettare che gli inglesi, alle prese con altre lingue, diventassero esilaranti. Su ambedue le questioni, non ho cambiato idea.

Questo erano, per noi, i Beatles: un piacere e un esercizio linguistico, un saggio-omaggio di inglesità e un repertorio di emozioni. Non una colonna sonora come Lucio Battisti, che inventava e invecchiava con noi. Dei quattro di Liverpool prendevamo le canzoni, e le adattavamo alle circostanze. Importava poco che fossero state composte tra il 1962 e il 1970: i Beatles sono prodotti a lunga conservazione. Non contava che molti riferimenti britannici andassero perduti: i Beatles sono universali. Quando ero innamorato – un evento non insolito – mi sembrava che la tripletta *Michelle / Norwegian Wood / Girl* (che includeva un profondo sospiro, l'unico suono dei Beatles che ero in grado di riprodurre) potesse vincere qualsiasi perplessità femminile. Non sempre accadeva, ma pensavo che forse non la facevo ascoltare nel momento giusto.

O magari era colpa delle cassette su cui registravamo raccolte personali, da dischi che passavano di casa in casa. I prodotti così ottenuti dovevano adattarsi ai nostri indecifrabili umori, ed essere robusti: li usavamo infatti fino all'usura del materiale, infilandoli in autoradio prototecnologiche, che li inghiottivano con un rumore lugubre. Eravamo gli artigiani della pirateria musicale, e non sprecavamo nemmeno un centimetro di nastro. Se restavano quattro minuti, dovevamo trovare una canzone di quella lunghezza; oppure prendevamo *Hey Jude* e tagliavamo la parte finale — in cui i Beatles, francamente, la tirano un po' in lungo.

Mi rendo conto che può sembrare un modo inconsueto di sorbire un elisir. Ma la forza dei Beatles era quella. Sono entrati nella vita di tanta gente per la capacità di adattarsi a culture diverse — anche quella di una banda di ragazzi lombardi, che li ascoltavano chiusi dentro una Fiat 127. Loro erano interpreti versatili; noi, consumatori duttili. Il fatto che i Beatles avessero attirato i nostri fratelli maggiori, attirassero noi e oggi attirino i nostri figli, significa una cosa sola. Sono «classici», una categoria per cui Borges ha trovato una definizione impeccabile: opere che le generazioni tornano a frequentare con identico gusto, per motivi diversi.

I miei motivi erano talvolta inconfessabili (o meglio: li avrei confessati volentieri, se qualcuno si fosse degnato di chiedermeli). I miei metodi, non del tutto ortodossi. I Beatles, per cominciare, erano un elisir che ho iniziato a bere dal fondo. Le prime scoperte sono state le ultime canzoni, prodotte nel «periodo peloso» (barbe, baffi, molti capelli), quando il gruppo si era ormai disfatto: *Let it be*, che non sospettavo fosse una preghiera; e l'album *Abbey Road*, che mi aveva ipnotizzato, al punto che durante la prima visita a Londra (1972) ho rischiato di farmi metter sotto mentre attraversavo la strada, come fanno i Beatles sulla copertina (mi era sfuggito un particolare. Loro erano eccentrici, ma inglesi, e passavano sulle strisce pedonali. Io, da bravo italiano, avevo trascurato il particolare).

Let it be era l'inno dei balli lenti: chi è intorno ai quarant'anni, ascoltando le prime note, rischia ancora oggi di alzarsi e invitare a ballare la prima ragazza che passa. Le uniche altre canzoni in grado di produrre un effetto simile sono *A whiter shade of pale* dei Procol Harum e *It's five o'clock* di Denis Roussos. Quest'ultima aveva il vantaggio di iniziare con due versi comprensibili anche a chi possedeva un inglese approssimativo: «It's five o'clock / and I walk / through the empty streets», sono le cinque e cammino per le strade vuote. A un adolescente l'immagine sembrava eccitante (se avessi camminato per le strade vuote alle cinque del mattino, i miei avrebbero chiamato la polizia). Così la pleonastica espressione «o'clock», dicendo l'ora, mi è rimasta attaccata per anni. Mi chiedevano «What time is it?» e io rispondevo «It's five o'clock». Loro credevano fosse inglese scolastico, e invece era inglese musicale: citavo Denis Roussos.

I Beatles erano altrettanto accattivanti. Ricordo che il testo di *Come together* era sospettato di contenere pesanti allusioni sessuali (che non c'erano); mentre c'erano nella dichiarazione che precede *Two of us*, e ci erano sfuggite. Sbagliavamo a pronunciare «The long and winding road» (si pronuncia «uainding», non «uinding», così come «rewind» si pronuncia «ri-uaind» e non «ri-uind» - vero, Vasco Rossi?). Della splendida seconda parte di *Abbey Road* capivo, in tutto, dieci frasi. Ma quelle frasi, accompagnate da una musica mai sentita, fatta di rallentamenti dolcissimi e riprese mozzafiato, bastavano per allestire una cosmogonia beatlesiana, nella quale muovere le mie fantasie.

Scoperta la produzione recente, ho preso ad andare indietro (da piccolo, in sostanza, ascoltavo i Beatles ormai grandi; da grande, i Beatles da piccoli). Una grande passione è stato il doppio «album bianco», che mi ha portato a rivalutare alcuni nomi femminili (Martha, Julia) e a intuire gli orientamenti politici dei miei idoli, che apparivano confusi quanto i miei (*Revolution*). La scoperta successiva è stata *Sgt. Pepper's Lonely Hearts Club Band*, un album del 1967 che ho scoperto nel 1977 (il ritardo effettivo era comunque inferiore: in Italia il 1967 è arrivato intorno al 1970). La forza surreale di molte canzoni mi sfuggiva; le sostanze usate per produrre alcune suggestioni (*Lucy in the sky with diamonds*) mi erano ignote. Mi divertiva *With a little help from my friends* (meglio la versione di Joe Cocker, però). Mi piaceva *A day in the life*, dove si parlava di «quattromila buchi a Blackburn, Lancashire, e sebbene i buchi fossero piuttosto piccoli, hanno dovuto contarli tutti». Un'attività insolita, non c'è dubbio, e un testo bizzarro per un brano musicale. Ma i Beatles avrebbero potuto cantare le pagine gialle, e io avrei approvato comunque.

Anche i luoghi d'origine del gruppo mi affascinavano. Durante la mia prima visita a Liverpool – primavera 1985, per una partita di calcio – ho costretto il taxista a portarmi alla scuola di John Lennon e Paul McCartney (gli originali Quarrymen), e a indicarmi Penny Lane, dove gli abitanti mi guardavano come un allocco. Siamo stati poi a visitare un piccolo museo dei Beatles, un luogo malinconico dove gli unici visitatori erano giapponesi, e volevano comprare tutto quello che non era avvitato a terra. Al ritorno, passando nelle strade alte sul porto, il taxista, mosso a compassione, mi ha spiegato che da quelle parti abitava «dirty Maggie Mae». Aggiungendo che si trattava di una prostituta, un particolare che al tempo mi era sfuggito (poco male: la canzone era troppo brusca e movimentata, e non l'avevo associata a nessuna amica).

L'ultimo passaggio – la scoperta dei primi Beatles, quelli che portavano i capelli sugli occhi come me (loro poi hanno smesso; io sto ancora lottando) – è stato il più maturo e, quindi, il meno avvincente. È avvenuto una decina di anni fa: credo di aver letto addirittura qualche articolo sull'innovazione che il gruppo aveva rappresentato, e alcuni giudizi dotti circa il valore artistico dei quattro componenti. Personalmente, non ho mai avuto dubbi: tant'è vero che, quando il gruppo si è sciolto, ho seguito solo Paul McCartney (prima) e John Lennon (dopo). George Harrison era troppo esoterico per i miei gusti; Ringo aveva l'handicap di chiamarsi come un pistolero o un biscotto, e mi sembrava l'equivalente del terzino destro nella squadre di calcio: ci vuole, ma è difficile innamorarsene.

Da dieci anni ho a disposizione il prodotto

completo: da *Love me do* fino a *Imagine*, talmente bella che la considero una canzone postuma dei Beatles. Non sto dicendo che possiedo tutti i dischi. Ma ne ho diversi, e quando non ci sono testimoni, mi cimento in una obbrobriosa forma di karaoke. In automobile, per esempio, dove gridare «Ob-la-di, ob-la-da» (una delle canzoni di cui il mondo avrebbe potuto fare a meno) è comunque meno sciocco che parlare al cellulare. Col tempo, ho anche elaborato un uso terapeutico dei Beatles: una canzone per ogni stato d'animo. Malinconia: *Yesterday*. Serenità: *Here comes the sun*. Ingorgo stradale: *Across the universe*. Buon umore: *All you need is love*. Amore: *And I love her*. Ottimismo: *Getting better*. Preparazione alla pensione: *When I'm sixty-four*. Dopo aver ascoltato l'ennesimo clone di Jovanotti: *Help!* Eccetera.

La mia passione non è passata attraverso i libri (i mezzi con cui ho affrontato invece ogni altro argomento): anche per scrivere queste pagine mi sono affidato alla memoria e al fervore dell'incompetenza. Eppure sono diventato un ammiratore inossidabile: uno di quelli che hanno perdonato ai Beatles canzoni come *Octopus's garden*, e hanno dimenticato quanto Paul, John, George e Ringo hanno detto e fatto per rovinarsi la reputazione. Non ho mai cercato di conoscerli: sono certo che rimarrei deluso, così come si dice rimanesse deluso chi incontrava Mozart. Quei cinque ragazzi — quattro inglesi, un austriaco; tre vivi, due morti — sono solo passaggi che la musica ha scelto per arrivare a noi. E uno non va a intervistare un buco. Mette l'orecchio, ascolta e si commuove.

Inter-Juve

Tempo fa ho scritto che il mondo si divide in due. Ci sono quelli che amano i gatti, Londra e l'Inter. E quelli cui piacciono i cani, Parigi e la Juventus.

Da allora continuo a ricevere proteste. Si lamentano milanisti slavofili, laziali innamorati dell'Argentina, romanisti con un'amica in Germania. Non posso negarne l'esistenza ma, dal punto di vista ontologico, la dicotomia è una sola: Inter-Juve. L'Inter (come i gatti e Londra) è fascinosa e imprevedibile. La Juventus (come i cani e Parigi) è solida e rassicurante. Il resto è contorno.

Ho scritto dicotomia, ma Inter-Juve è di più. È una contrapposizione come Hegel e Kant, Coppi e Bartali, Fellini e Visconti, Usa e Urss, Apple e Microsoft, Beatles e Rolling Stones, yin e yang, moto Bmw e moto giapponesi. Non si tratta di stabilire chi è meglio e chi è peggio (anche se io un sospetto ce l'avrei). Inter e Juve sono pianeti distanti, che entrano in contatto solo in occasione di una partita, di un'amicizia o di un matrimonio. Allora, qualcosa succede.

Gli interisti sono romantici, con una punta di decadenza. Gli juventini, neoclassici. Noi siamo idealisti, loro positivisti. Gli interisti sono una nazione dolente (tre scudetti in trent'anni, e un Helsingborg quando non te l'aspetti); gli juventini credono nelle magnifiche sorti e progressive (e spesso vengono accontentati). Nel suo libro *Semifinale*, il bolognese Rudi Ghedini racconta l'educazione di un interista, combattuto tra amori difficili, «notti della lattina» (Mönchengladbach, 1971) e sconfitte col Lugano. È un canto accidioso, che consola. Ma alla fine l'autore pecca d'ottimismo – il meno interista dei sentimenti. Il libro si chiude infatti con la notizia dell'arrivo di Ronaldo (cui seguirà Vieri), e Ghedini si lascia andare a una leggera euforia. Sapete com'è andata a finire. Come si può perdere un campionato con una coppia d'attacco di quel calibro, quando i rivali schierano Pippo e Alex (non so se mi spiego: *Pippo e Alex*)? Non lo so. Ma l'Inter c'è riuscita.

Ci sono interisti che sembrano considerare il Milan un rivale, e non riesco a capire perché. Il Milan è una squadra allegra, in fondo. Ha un centravanti che fa pubblicità allo shampoo, e vince gli scudetti senza neanche accorgersene (anche Bigon e Massaro segnavano i gol così). Il Milan non è un rivale: è un fenomeno naturale. La rivale è, e sarà sempre, la Juventus.

L'intera iconografia bianconera è una delicata provocazione. C'è un *understatement* tutto piemontese, nella scelta dei simboli. Noi abbiamo un drago; loro una zebretta. L'Inter è la Beneamata (tutti ci vogliono bene), la Juve la Fidanzata d'Italia (in sostanza, non se la sposa mai nessuno). E guardate i colori! L'Inter è mare in tempesta e cielo di notte. La Juventus è dama, strisce pedonali e primi telegiornali. Vederla vincere in queste condizioni è doloroso. Non tutti gli anni, infatti, piove su Perugia.

La generazione che ha sofferto di più è quella nata tra il 1955 e il 1960: la mia. Molti coetanei sono interisti per banali motivi anagrafici. Intorno ai sette anni, l'età dell'*imprinting* calcistico, furoreggiava la Grande Inter di Helenio Herrera, e i bambini – come gli italiani – tifano per il vincitore. Alcuni di noi faticavano a ricordare le poesie di Giovanni Pascoli, ma nessuno ha più dimenticato Sarti Burgnich Facchetti (pausa); Bedin Guarneri Picchi (pausa); Jair Mazzola Domenghini Suarez Corso (respiro). Era un'apnea consolante, multietnica, e vincente.

Non che capissimo di calcio, a Crema, nel 1963. Io ero convinto, per esempio, che Mariolino Corso avesse sessant'anni (per via dei pochi capelli), e Giacinto Facchetti mi sembrava un olmo sulla strada di Treviglio (ho poi scoperto di esserci andato vicino). Quei personaggi, però, incutevano rispetto. Quando sono entrato a San Siro per la prima volta, ho assistito a Inter-Lazio. Degli avversari ricordo solo il portiere Idilio Cei, che aveva un nome e un volto rubicondo da bidello. Gli interisti erano invece alteri e affascinanti. Se qualcuno mi avesse detto che Burgnich e Bedin rappresentavano la classe operaia del calcio, avrei potuto diventare socialista (a nove anni). E tra Aristide Guarneri (1967) e Taribo West (1997) c'è la differenza di classe che corre tra il duca di Windsor e Vittorio Emanuele di Savoia.

La Juventus era un'altra cosa. Era una squadra che aveva vinto molto in passato (dicevano), ma ormai galleggiava nella media classifica.

Aveva un nome latino che sembrava rubato in seminario. L'allenatore si chiamava Herrera, ma Heriberto: era, in sostanza, un'imitazione (come Little Tony di Elvis Presley). Il loro Suarez si chiamava Del Sol: un nome che poteva andar bene a un succo di frutta. Mentre noi vincevamo la Coppa dei Campioni, loro partecipavano alla Coppa delle Fiere. La competizione poteva essere adatta a una zebra, d'accordo, ma mi spiaceva per gli amici del cuore, juventini, che all'oratorio dovevano difendere quel blasone circense. Il fatto di avere in squadra Leoncini, di certo, non li aiutava. Noi avevamo Picchi, invece. Le vette non potevano che essere nostre.

Era facile sentirsi magnanimi, in quelle condizioni: ma non è durata molto. Non ho fatto in tempo a gustare il piacere infantile del trionfo – il lento ingresso in aula dopo la stella del decimo scudetto (1966) – che è accaduto qualcosa: l'Inter ha smesso di stupire. Ci sono rimasto male. Era come permettere a un adolescente di baciare una ragazza, e poi dirgli di scordarsi della faccenda fino alla laurea.

Ricordo episodi inquietanti. Il 1° giugno 1967 il portiere Sarti si lasciava scappare di mano la palla, e consegnava un altro scudetto alla Juventus. In estate, Helenio Herrera vendeva Picchi per schierare Landini e Dotti. Un momento di illusione è arrivato con lo scudetto del 1970, ottenuto grazie a Roberto Boninsegna: il tipo buttava la palla in rete in tutti modi, con una cattiveria consolante. Aveva un muso e un nome da cane pechinese (Bobo): ma i pechinesi non segnano in mezza rovesciata. Bell'anno, il 1970. Ai mondiali in Messico non c'erano quasi juventini. È stata l'Inter (Burgnich, Facchetti,

Mazzola, lo stesso Boninsegna) a portare l'Italia in finale, contro un Brasile che avrebbe sconfitto anche la Selezione Celeste. È vero: giocava anche Rivera, e veniva dal Milan. Ma nessuno è perfetto.

Da quel momento, l'Inter ha smesso di vincere, e la Juventus ha preso a convincere. Negli anni Settanta il mestiere d'adolescente mi impegnava troppo perché potessi seguire le vicende calcistiche con assiduità (sebbene non mi fosse sfuggito, a destra della difesa, Giubertoni). Così, ai mondiali d'Argentina del 1978 (dove l'Italia ha giocato il suo miglior calcio di sempre), mi sono accorto con orrore di tifare per gli juventini. La maglia azzurra era una copertura: sapevo che erano loro. A Buenos Aires, l'Inter mandava Bordon, portiere di riserva. La Juve contribuiva con Zoff, Cabrini, Gentile, Cuccureddu, Scirea, Benetti, Causio, Tardelli e Bettega. Anche Paolo Rossi, che in area accelerava come un'automobilina, sarebbe finito a Torino, di lì a poco.

Una nuova generazione di italiani, nata tra la fine degli anni Sessanta e l'inizio degli anni Settanta, diventava inesorabilmente bianconera. Come spiegargli che sbagliavano? Discutere di calcio coi bambini è già dura; quando vincono, poi, è insopportabile. Lentamente, gli juventini acquistavano la sicurezza dei vincitori (è capitato anche agli americani e a Gerry Scotti). Noi interisti ci siamo trovati a giocare in difesa. Non sul campo, dove eravamo abituati, ma nella vita. Aldo Vitali, autore di *Fregati da Dio. Il folle destino di essere interisti*, elenca i «Dieci fatti di cui conviene tener conto quando si decide di tifare Inter». Ne aggiungo un undicesimo: nel

1976 abbiamo scambiato il mitico Boninsegna con Anastasi (preparando il terreno per le grandi cessioni masochistiche del futuro: Roberto Carlos e Simeone).

Certo, è arrivato lo scudetto del 1980, vinto con Ambu, Caso e Canuti, che erano bravi ragazzi, ma rappresentavano la quintessenza del giocatore interista di Tipo C: volonteroso e inadeguato. C'era poi il giocatore interista di Tipo B: il campione che, appena mette piede a Milano, imbrocchisce fulmineamente (potrei citare dozzine di nomi, ma mi limito al recente, leggendario Gilberto). Ci sono stati anche giocatori di Tipo A, per fortuna. In quel campionato 1979/80, agli ordini di Eugenio Bersellini, giocavano Bordon, Oriali, Pasinato (antenato morale di Zanetti), Altobelli e il bresciano Evaristo Beccalossi, uno che cercava di dribblare anche le margherite di San Siro, ma ci teneva allegri. Beccalossi, a Torino, dopo il terzo gol sbagliato sarebbe stato trasferito al reparto presse della Fiat. Anche perché loro, in quel ruolo, avevano un certo Platini.

Questo è un nome che nessun interista pronuncia volentieri. Michel Platini era un giocatore di Tipo A Extralusso. Era epico, lirico e accademico: riassumeva le tre caratteristiche del «giocatore musicale» di Vladimir Dimitrijevic (*La vita è un pallone rotondo*). Ogni interista può sottoscrivere il grido di dolore del già citato Ghedini, piccolo Foscolo nerazzurro: «Platini: il nome dalle conseguenze incalcolabili. Individuato, opzionato, praticamente nostro, aspettavo con ansia la riapertura delle frontiere: poi, nell'estate del 1982, lo vidi finire alla Juve. Come sarebbe stata diversa la mia vita, in una fase decisiva per lo sviluppo della personalità, se quel fenomeno fosse arrivato davvero. Immagino le differenze, l'inevitabile iniezione di ottimismo. Sarei una persona più equilibrata, felicemente inserita nella società». Aggiungiamo che Platini non è l'unico campione che sembrava a un passo dall'Inter e finì altrove. Accadde anche a Bettega e Tardelli, che il presidente Fraizzoli scartò perché «mingherlino». E a Gigi Riva, su cui miracolosamente la Juve non riuscì a mettere le mani, altrimenti la mia adolescenza, già calcisticamente difficile, sarebbe stata drammatica.

Il resto è storia recente. Albert Camus scrisse: «Il meglio che ho imparato sulla morale e i doveri degli uomini, lo devo al calcio». Non sono sicuro di essere d'accordo. Sarebbe stato morale (per gli interisti) e doveroso (per la società nerazzurra) vincere almeno uno scudetto, nel corso degli anni Novanta (l'ultimo risale al 1989, con Trapattoni). Magari quello del 1998, quando Ronaldo venne abbattuto in area a Torino, con un fallo così evidente che mi aspettavo intervenisse la Corte Internazionale di Giustizia (che, nonostante il nome, non sta dalla nostra parte).

Non vorrei, scrivendo questo, sembrare uno di quelli che recriminano. Io amo l'Inter e apprezzo la Juve, a modo mio. Credo che «le due squadre siano necessarie alla reciproca fama», come ha scritto Gianni Riotta (interista). Per questo non ho mai tifato contro i bianconeri. Io voglio che la Juve esista, e continui a sorprendermi. Mi piace vedere come ogni stagione riesca a pasticciare una maglia che non è mai stata entusiasmante. Adoro scoprire i modi diversi e geniali con cui Del Piero sbaglia gol fatti (ora capisco perché lo chiamano «il fantasista»). Partite come Celta Vigo-Juventus (quattro gol subiti, due espulsioni), invece, mi preoccupano. Che gusto ci sarebbe a rivaleggiare con una squadra così?

Sono stato boy-scout, insomma, e credo che le Vecchie Signore vadano rispettate. Le vorrei serene e soddisfatte; contente della pensione e del servizio sanitario. So che non verrò accontentato. La Juventus, solida e rassicurante come un labrador, certamente vincerà ancora. L'Inter, matta come una gatta, vincerà ancora – probabilmente. La differenza è negli avverbi. Come dire: la Juve è un investimento, l'Inter una forma di gioco d'azzardo – l'unica che pratico, da trentasette anni. Ho perduto molto, è vero. Ma mi sono divertito.

Non dicono così, i giocatori, guardando l'alba dalla finestra del casinò?

BUR
Periodico settimanale: 15 dicembre 2000
Direttore responsabile: Evaldo Violo
Registr. Trib. di Milano n. 68 del 1°-3-74
Spedizione in abbonamento postale TR edit.
Aut. N. 51804 del 30-7-46 della Direzione PP.TT. di Milano
Finito di stampare nel dicembre 2000 presso
il Nuovo Istituto Italiano d'Arti Grafiche - Bergamo
Printed in Italy